O incrível mundo da Sophia Valverde

CB060311

AGIR

Copyright © 2018 by Sophia Valverde

Direitos de edição da obra em língua portuguesa no Brasil adquiridos pela Agir, selo da Editora Nova Fronteira Participações S.A. Todos os direitos reservados. Nenhuma parte desta obra pode ser apropriada e estocada em sistema de banco de dados ou processo similar, em qualquer forma ou meio, seja eletrônico, de fotocópia, gravação etc., sem a permissão do detentor do copirraite.

Editora Nova Fronteira Participações S.A.
Rua Candelária, 60 — 7º andar — Centro — 20091-020
Rio de Janeiro — RJ — Brasil
Tel.: (21) 3882-8200

CIP-BRASIL. CATALOGAÇÃO NA PUBLICAÇÃO
SINDICATO NACIONAL DOS EDITORES DE LIVROS, RJ

V29i

Valverde, Sophia, 2005-
    O incrível mundo da Sophia Valverde / Sophia Valverde. - 1. ed. - Rio de Janeiro : Agir, 2018.
    168 p. : il.

    ISBN 9788522001972

    1. Valverde, Sophia, 2005-. 2. Atrizes - Brasil - Biografia. 3. Autobiografia. I. Título.

18-50201
                        CDD: 791.45092
                        CDU: 792.028(092)

sejam BEM-VINDOS ao meu INCRÍVEL mundo!

este livro é pra vocês...

Genteeeeee,

não estou acreditando que finalmente está saindo o meu *primeiro livro*. Ai, nem acredito! Que orgulho e que sonho!!! 😍 ❤️

Sou apaixonada por leitura. Quando era pequenininha, minha mãe lia muito pra mim. Na verdade verdadeira, eu sempre ia a livrarias e tinha tanta vontade de saber as histórias que estavam nas páginas dos livros que pedia pra ela ler dentro da loja. Isso mesmo. Queria que ela sentasse e lesse tudo. Ai, Sophia!!! Como ela não tinha tempo, comprava e lia em casa. Até hoje, quando entro num shopping, vou atrás de um bom livro pra ler. Meus pais sempre incentivaram que eu lesse. No meu quarto, tem uma prateleira grande com vários livros. Livro nos leva pra um mundo mágico e incrível. Os meus preferidos são aqueles que você abre e consegue imaginar cada cena dentro da cabeça. E, às vezes, tem até vontade de transformá-lo em filme ou novela! Amo mesmo!

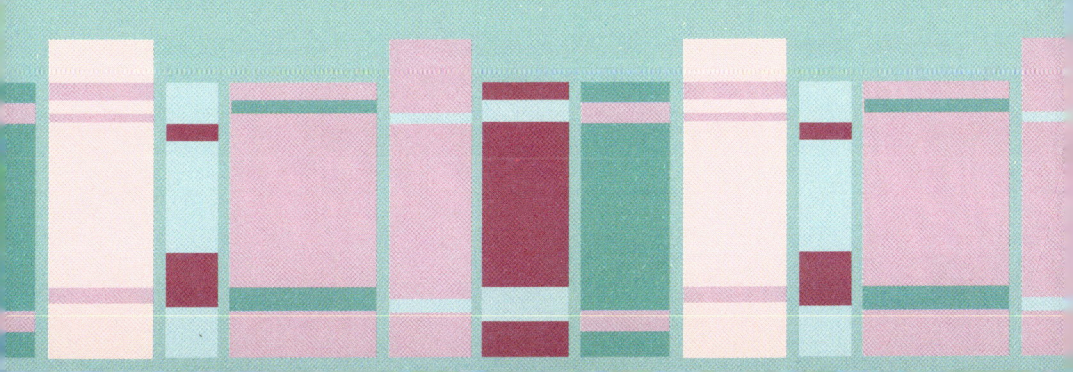

Dedico este livro primeiramente a Deus, pois ELE é quem abre todas as portas da minha vida! E eu agradeço muito por tudo o que Ele tem me proporcionado!!!

Dedico também aos meus pais. Eles estão sempre comigo, apoiando os meus sonhos. Eu amo muito eles. Aliás, amo toda a minha família: avós e avôs, tias e tios, primas e primos. Amo demais mesmo! Família é a base mais importante sempre!

Eeeeeeeeee dedico a todos vocês, meus fãs que AMO demais: Sophianáticas e Sophianáticos, que torcem por mim e acompanham minha carreira. Este livro é pra vocês me conhecerem e saberem mais da minha vida. Acho que nunca falei tanto sobre o que penso e sobre as minhas coisas. Eu realmente abri o meu mundinho pra todos vocês saberem como eu sou. Vocês me conhecem muito da TV e do meu canal no YouTube, mas sempre senti vontade de falar das coisas que amo, falar da minha escola, das amizades, dos meus bichos, das brincadeiras e diversões do meu dia a dia. Faz um tempão que desejo escrever este livro e, mais uma vez, estou realizando um sonho. Nem acredito!!! 😊

Ao ler estas páginas, vocês vão descobrir que levo uma vida normal. Saio pra jantar, vou ao cinema, viajo e brinco com as minhas amigas. Aliás, amo me divertir, brincar e ser como eu sou!!! Sim, em muitos e muitos lugares, sou reconhecida e as pessoas me pedem fotos e autógrafos. Alguns também me falam sobre as novelas e pedem *spoilers* (mas não posso dar... rsrsrs!). Percebo, com muito carinho, que todos gostam de mim e admiram meu trabalho. Isso me deixa muito feliz!

Amo todos vocês por tanto carinho e agradeço de coração!

Agora é hora de conhecer meu MUNDO. Por isso, senta, vira a página e venha se divertir muuuuuuito comigo!!! 💗👑🌍

Beijinhos da

Sophia Valverde ❤️

SER CRIANÇA
é tudo de bom!

Pessoaaaaaaal,

Cheguei apressada ao mundo.

Sim. Isso mesmo!

Era tanta vontade de ver e viver a vida que cheguei antes do previsto. Nasci no dia 30 de agosto de 2005, aos 7 meses, com um quilo e 760 gramas e 38 centímetros. O normal é nascer com 38 semanas. Eu nasci com 33.

Minha mãe diz que fui pra UTI neonatal porque estava com baixo peso. Mas logo ganhei peso e fui pra casa, após 13 dias no hospital (três dias na UTI e mais dez no quarto com minha mãe). Meu Apgar — uma nota que os bebês recém-nascidos recebem depois que várias medidas são feitas — foi nota 9 e 10, consideradas umas das melhores. A graça é que até as roupinhas de bebê prematuro ficavam enormes em mim. Que pequenininha eu era, gente! Olha só:

Talvez por ter nascido antes do previsto, acho que fui meio precoce pra algumas coisas.

Pra outras, nem tanto. Mas, por exemplo, sou precoce em ir atrás dos meus sonhos e objetivos e trabalhar com o dom que Deus me deu. Tem gente que trabalha comigo e fala que sou uma atriz madura, que não pareço ter a idade que eu tenho, porque, pra fazer as cenas que faço, teria que ter muitos e muitos anos de carreira.

FOFINHOS! 😍

Meu nome surgiu por inspiração da filha de uma atriz brasileira. Minha mãe soube que essa atriz escolheu o nome de Sophia e se apaixonou. Decidiu, então, que, se um dia tivesse uma menininha, ela iria dar o nome de SOPHIA E COM PH! Foi o que aconteceu!

Nunca dormi no berço. Não gostava. Chorava demais quando estava nele. Logo me agarrei com minha mãe. No começo, quando era neném, meu pai dormia às vezes na sala e eu com a minha mãe no quarto, já que ele tinha que trabalhar cedinho e eu queria era ficar acordada a noite toda... rsrsrsrsrs!

Sou filha única. Meus pais se chamam Danielle e Diego. São lindos, não acham?

Tem dias em que acordo e peço pra eles:

"Eu quero um irmãozinho."

Tem vezes que não quero, mas outras vezes quero, sim. Sinto falta de vez em quando de ter alguém da minha idade em casa pra conversar. Ok, sei que se meus pais me dessem um irmãozinho ele não seria da minha idade. 😉

Tem outra coisa ruim de ser filha única. Quando eu casar e tiver filhos, os coitados não vão ter tio do lado materno. Se o meu marido não tiver irmãos também, lascou de vez, porque ele não terá tios e nem presentes no aniversário e no Natal. Kkk! Mentira, tô brincando.

COMO FALEI, MUDO A CADA HORA. TEM SEMANAS EM QUE QUERO IRMÃO E EM OUTRAS, NÃO.

Tenho 12 anos enquanto escrevo este livro. No dia 30 de agosto de 2018, vou fazer 13. Sabe como me sinto? Feliz e realizada.

e qual o motivo de tanta felicidade?

Ora bolas, é porque ainda sou uma criança, amo ser criança e sou muito feliz em ser criança.

Na verdade, estou entrando na pré-adolescência, mas essa passagem está bem tranquila. Quero aproveitar bastante todos os momentos e fases.

Minha mãe brincou de boneca até os 14 anos. Então, acho que tem que aproveitar até onde dá, porque, quando você cresce, fica sem fazer essas coisas, entende? Quando se é adulto não se brinca mais de boneca. Quer dizer... até pode brincar, mas você vai ter trabalho, família e uma porção de coisas pra pensar antes de brincar de boneca. Resumindo: terá muito mais responsabilidades do que quem vive só a infância. Quer saber?

É melhor curtir o agora sem apressar o futuro. Entenderam?

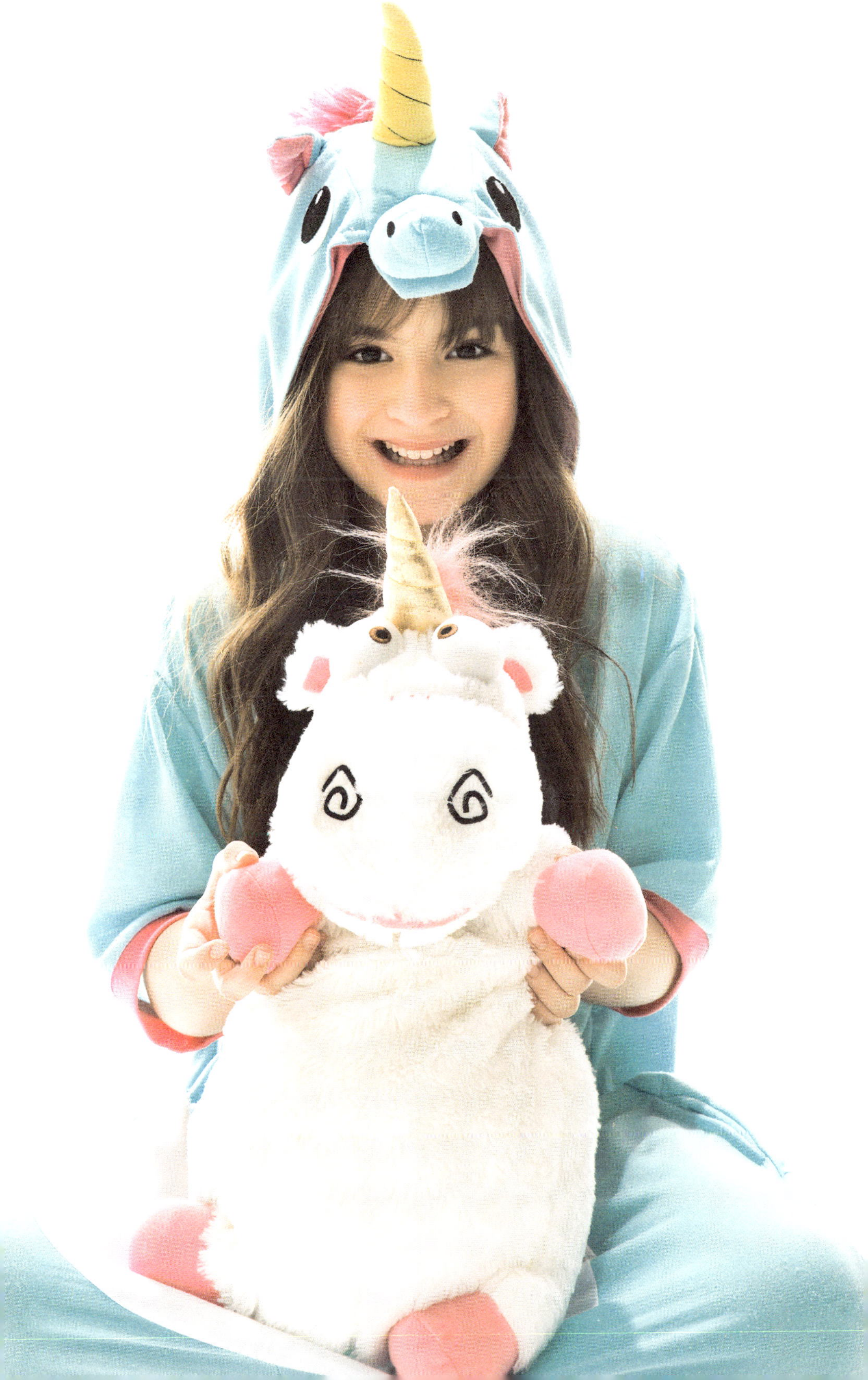

Quando estou sozinha ou com amigas, gosto muito de brincar e de jogar uns jogos que tenho em casa. Nas festas do pijama, eu e minhas amigas assistimos a filmes, conversamos e brincamos. Também zoamos bastante uma com a outra. Na última festa do pijama, colamos figurinhas de álbuns das novelas do SBT, assistimos à série *Liv e Maddie* e jogamos joguinhos no celular.

Ah, também gostamos de gravar nossas próprias séries com o celular. É uma das minhas brincadeiras favoritas. Eu que invento a história ou imito de alguma série. Tipo assim, eu fiz com a minha prima uma série de *Cúmplices de um Resgate*, quando eu ainda não tinha entrado na novela. A gente também brinca de fazer clipe. Mas aí eu não participo, apenas dirijo. Nas séries, eu atuo e dirijo. Gosto mais de brincar de filmar.

Quando está todo mundo reunido, a gente gosta de brincar ao ar livre de esconde-esconde, queimada, de dono da rua e vôlei.

A MINHA BRINCADEIRA PREFERIDA É O ESCONDE-ESCONDE.

Chegamos a ficar uns trinta minutos nos escondendo enquanto um escolhido conta até trinta e vai atrás dos outros escondidos.

Gosto também de brincar de pega-pega. Só acho que cansa muito. Falou a preguiçosa, né? 😉

Vôlei eu amo. Dia desses, na escola, jogamos vôlei. Ou melhor, futevôlei, porque tinha que jogar com o pé. Foi muito legal.

> **POR ESSAS E OUTRAS QUE EU AMO SER CRIANÇA E VOU CURTIR AO MÁXIMO TODOS ESSES MOMENTOS DIVERTIDOS.**

Meu pai vive dizendo que sempre serei a "neném do papai". Mesmo com 18, 25 ou com 90 anos, serei a "neném do papai".

Ai, pai, que mico!!! 😂😂

Minha mãe conversa muito comigo e me orienta sobre os próximos passos do meu desenvolvimento, como a chegada da adolescência, mas ela sabe que ainda me considero criança apesar de estar entrando na pré-adolescência e ter amigas que não pensam como eu penso. Mas como convivo com muitas pessoas que fazem coisas de adolescente, talvez mais pra frente eu comece a fazer a mesma coisa e ache que é normal.

gente, vou contar.

DIFERENTE DE MUITAS AMIGAS DA MINHA ESCOLA, NÃO GOSTO DE ME ARRUMAR MUITO PRA IR À AULA.

Eu acordo cedinho de manhã, escovo os dentes, coloco minha roupa e, quase sempre, minha touca. Ela é essencial, porque o cabelo está despenteado.

Só quando já estou com a touca me sinto pronta pra ir. Teve um dia que meu professor até me chamou de viking. Todo mundo riu, eu ri e a gente começou a estudar sobre os vikings na escola. Falei:

"prô, vou fazer uma trancinha, vou colocar uma fantasia."

Porque eu não gosto de me arrumar e passar maquiagem de manhã. Não vejo graça nisso. Além do mais, maquiagem dá espinha se usar em excesso e se não limpar, porque tampa os poros. Make, pra mim, é só quando chego pra gravar a novela. Ou seja, quase todo dia, mas pras gravações.

Falei tudo isso porque tenho amigas que acordam cedo, de segunda a sexta-feira, pra passar rímel, batom, base e fazer um demorado penteado.

NADA CONTRA, MAS NÃO SOU DESSAS.

Prefiro fazer isso no trabalho. Mesmo quando se é adolescente, acho que não é necessário o uso de maquiagem em todos os momentos.

Falando em adolescência, sinto que vivo um dilema. Tem gente que afirma que já estou na adolescência e algumas das minhas colegas já dizem que são adolescentes há muito tempo. Por exemplo, algumas têm 13 anos e, tipo, a gente foi brincar, mas brincar é algo que elas não gostam mais tanto de fazer. Ficam com uma cara e um jeitinho fresco de:

"Ai, brincar? Sério?"

E ficam no celular, falando de crush e mandando mensagem sem parar:

"Ai, meu Deus, não sei o que... não sei o que lá... não sei se ele gosta de mim e BLÁ-BLÁ-BLÁ."

E aí, algumas fazem uma cara de:

"Licença que agora eu sou adultinha..."

Ahhh! Desculpa falar, mas... você não é adultinha coisa nenhuma.

É CRIANÇA, GENTE!

Temos de curtir enquanto dá. Dia desses, numa festa surpresa pra uma das meninas, eu e algumas amigas queríamos brincar, mas a maioria não queria. Aí, a gente conseguiu convencer uma galera e foi uma diversão só. Tinha até um amigo nosso de 17 anos brincando com a gente. Foi muuuuuuuuito legal.

Pensando bem, acho que cada um se desenvolve no seu tempo e no seu momento. Tem gente que acha que já é uma adulta aos 13, 15 anos.

Eu não. Definitivamente ainda não sou.

PRÉ-ADOLESCENTE
O que seria isso?

É a fase preparatória antes da entrada na adolescência. Por enquanto, acho que estou meio lá, meio cá. Eu sei, eu sei, logo mais vou mergulhar nessa fase, mas ainda estou nesse processo.

Sabe o que escuto sobre a adolescência? Escuto muita gente falar que adolescência é chato e ser adolescente é ainda mais chato. Que há muito adolescente que ignora os pais ou responde a tudo que eles falam. E sabe o que é curioso? Depois de um tempo, esses mesmos adolescentes voltam atrás, veem que seus pais estavam certos e vão agradecer por tudo que eles fizeram. Pelo menos isso, né, gente?

"SOPHIA, DOS 12 AOS 13 VOCÊ É UMA PRÉ-ADOLESCENTE E PONTO FINAL."

Vocês pensam que nunca ouvi isso? Tudo bem.

Por enquanto estou indo devagar, gosto de brincar e viver todos os momentos, aproveitando cada idade, porque cada uma tem seu jeitinho especial. Até agora, a fase mais marcante foi quando completei 10 anos e cheguei aos dois dígitos.

Estava esperando muito por isso, porque assisti à série *Jessie* (do Disney Channel) e a menina fez 10 anos e deu uma superfesta, com alguns bolos. Ao completar 10 anos, minha mãe falou assim:

"Sophia, você vai ter dez bolos."

luupiiiiii

Legal. Alguns dos bolos eu até fiz com ajuda da minha mãe. Não ganhei os dez prometidos, mas ganhei alguns e já fiquei muito feliz. Eu acho que os 10 anos foram marcantes mesmo porque são dois dígitos. Sabe lá se eu vou chegar aos três. Tomara que sim.

Já pensou eu com 100 anos??
EITA!!!
Prepara que eu consigo. 😉

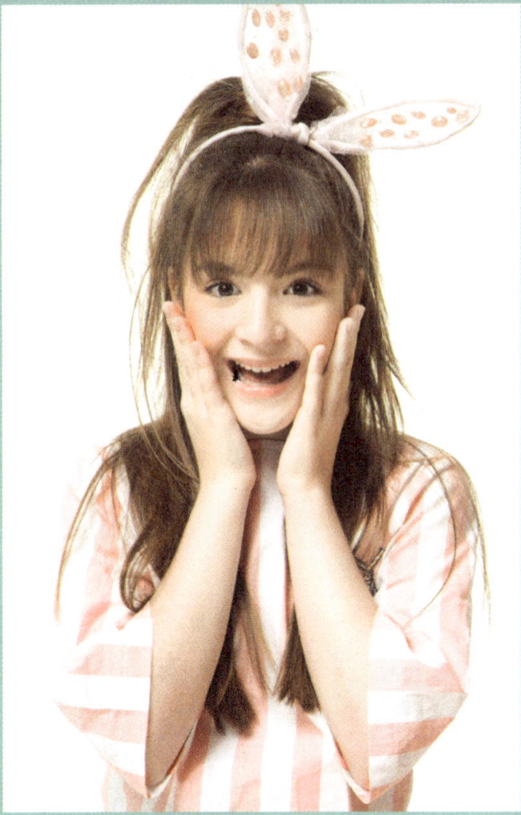
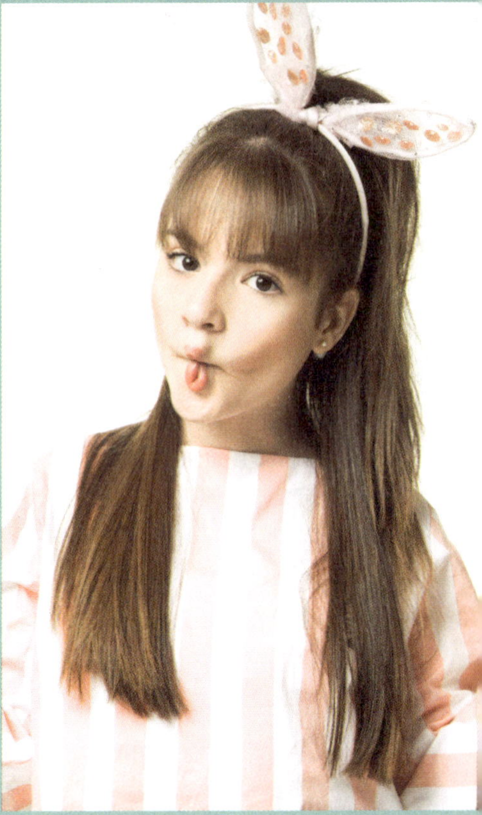
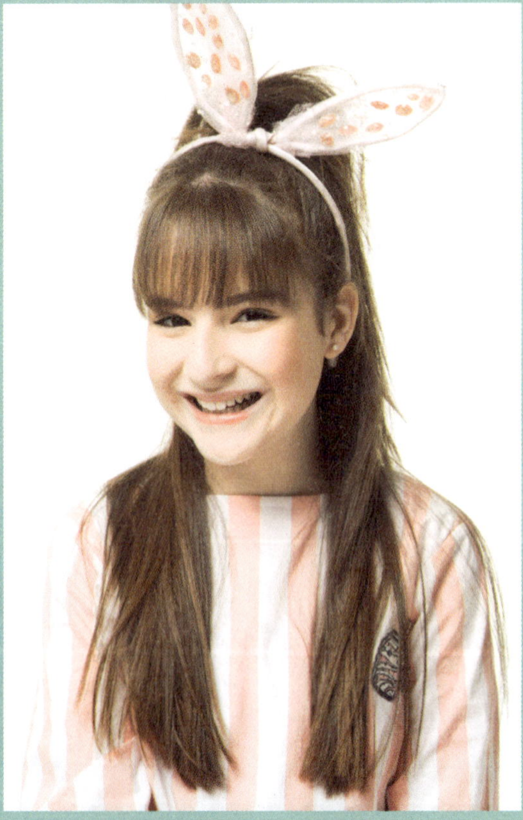
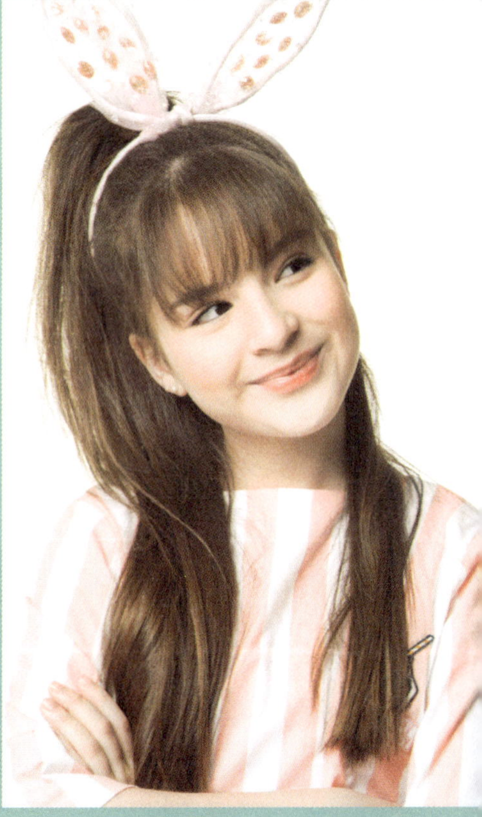

MINHA *doce* ROTINA

Muita gente pergunta como consigo conciliar a minha vida com meu trabalho, principalmente sendo protagonista de uma novela e tendo tantas cenas pra decorar e gravar num dia. Digo e repito:

É fácil!

Tenho gravado em *As Aventuras de Poliana* muitas cenas por dia. São 10, 12, 16 e até 17 cenas diárias. Às vezes, por semana, chega a 55, 56. Tem semana com menos cenas, mas geralmente tem bastante e eu amo. Os textos são fáceis de decorar, pelo menos pra mim. Acho que foi pela experiência que adquiri com as outras duas novelas que fiz. Também tenho facilidade de decorar, o que me ajuda demais na escola.

CONTO SEMPRE COM A AJUDA INDISPENSÁVEL *da minha mãezinha,* QUE SEPARA TODOS OS TEXTOS.

Aí, eu passo uma vez e, na segunda, já está tudo na minha cabeça. Nas outras novelas, minha mãe passava os textos comigo ou então gravava no tablet o texto e eu escutava e decorava. Hoje em dia, consigo decorar tudo sozinha.

Depois de passar as cenas duas vezes é só entrar no estúdio e gravar. Pra mim é fácil porque eu AMO o que faço. E quando se ama o que faz, tudo fica divertido e prazeroso.

A parte da escola é legal também. Lá, eu presto atenção na aula, brinco e me divirto muito. E, assim, dá pra aproveitar bastante todos os lados da vida: tanto o de menina e atriz quanto o de estudante, que é ultraimportante. E ainda tem as brincadeiras, a igreja, a família, os amigos e tudo mais. Todas as partes da minha vida são muito importantes pra mim. Agradeço a Deus, pois meus pais cuidam bem da minha agenda pra que eu viva todas as experiências que eu devo viver!

Obrigada, mãe e pai!!! 💖 💕

Vocês acham que não me divirto e brinco quando estou nas gravações? Estão enganados.

😊 EU ME DIVIRTO MUUUUUUUITO!!! 😊

Tenho amigos lá e isso facilita. Mas brinco até com os atores adultos e com o pessoal da produção. Como gosto bastante de brincar, todo mundo entra nos meus jogos facilmente. Eu meio que invento muitas das brincadeiras na hora. Nas primeiras cenas da novela, quando fomos ao Ceará, eu inventava charadas dentro da van. Foi uma diversão só!!! Além disso, existem espaços pra gente brincar lá na emissora, com muitos jogos e livros pra gente se divertir em momentos livres ou entre uma cena e outra. Eu amo jogar Detetive. Também gosto do Jogo da Vida, de Uno e Perfil. Acho que é isso.

Sei que muita gente fala que protagonizar uma novela me dá muita responsabilidade.

Vocês sabiam que não sinto esse peso? 💖

Pra mim, o trabalho é prazer e sei que em cada ambiente a gente tem que se comportar de um jeito. Eu acho que, tipo assim, na hora em que a gente entra no estúdio, é concentração. Mas fora dele é tudo muito leve e divertido. Dentro também, só que tem de ter concentração e mais empenho pra fazer a melhor cena possível. Até conversamos e brincamos, mas ficamos mais atentos, ouvindo o que o diretor ou o assistente tem pra dizer.

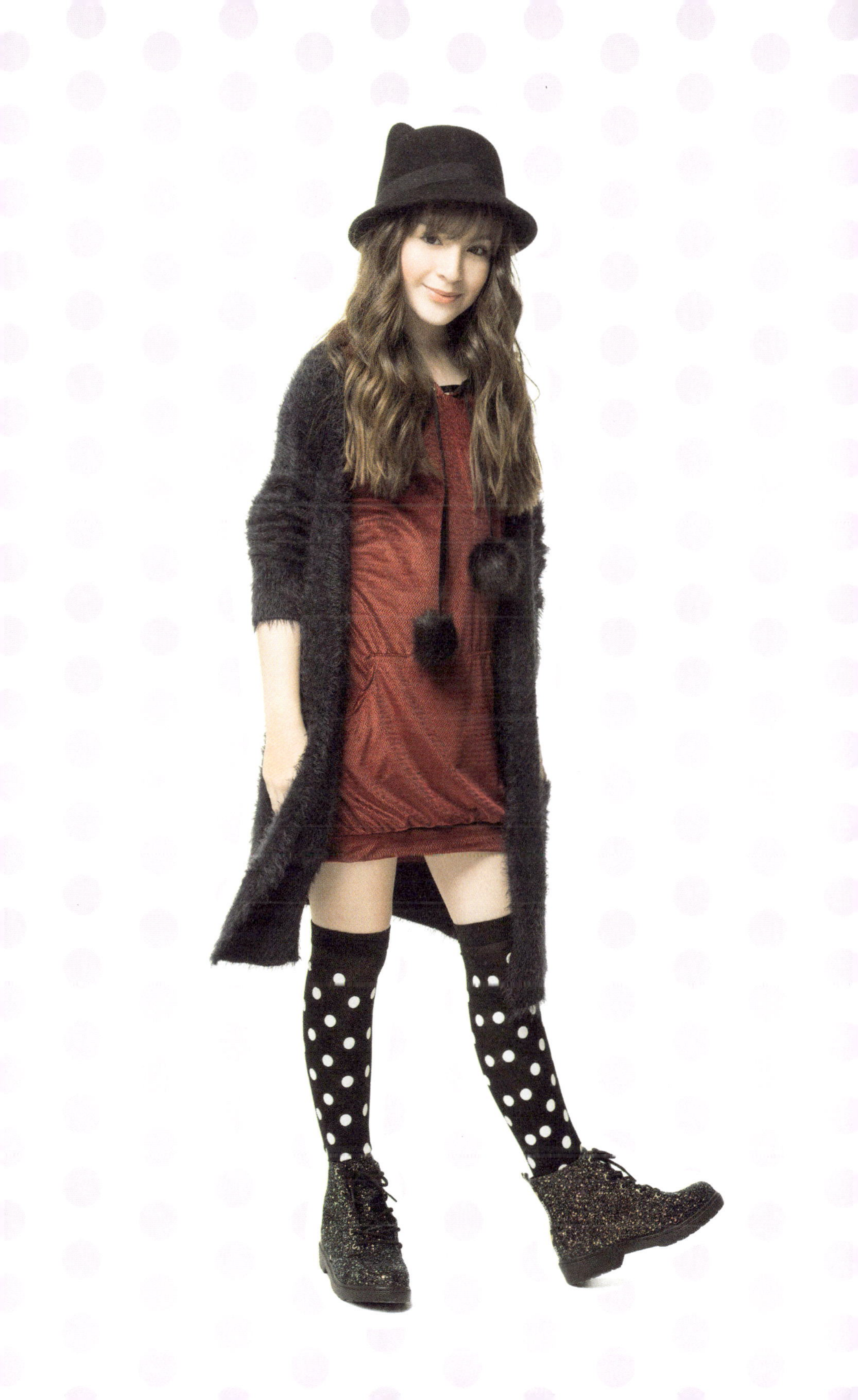

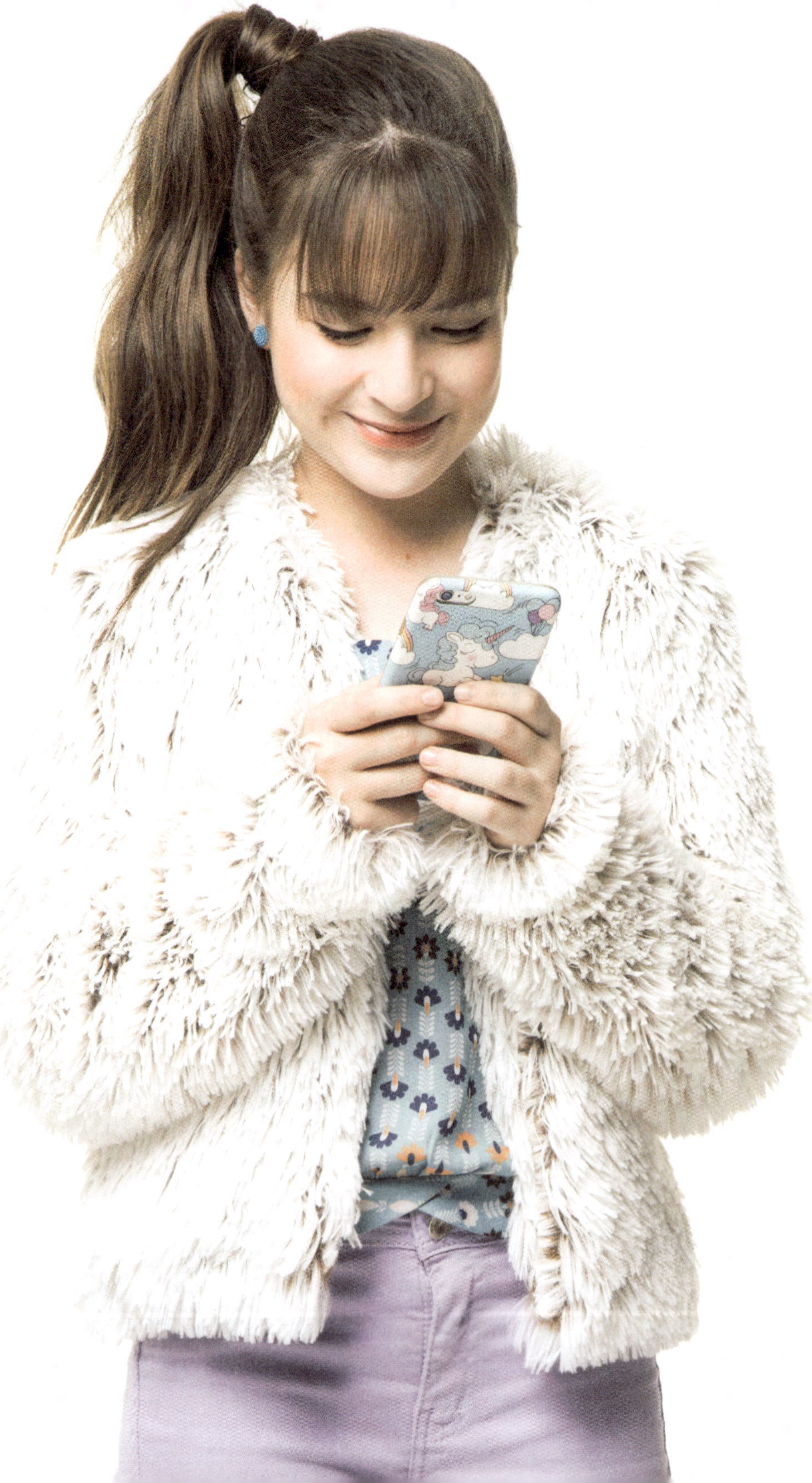

É HORA DE *crushes*?

Eu acho que namorar agora é muito cedo. Minha ideia de namoro é mais pra frente, pra conhecer a pessoa e, talvez, quem sabe, casar. Agora, não penso em namorar, não. Acho que, na minha idade, até pode ter um crush, mas não de chegar e beijar a pessoa e postar trinta fotos no Instagram.

Eu queria era pensar em namorar só lá pelos 20 anos, como fez meu tio Bruno. Meu pai, quando me ouviu falar isso, comemorou. Lembram que ele fala que sou a "neném do papai"? Claro que não posso prever com qual idade vou realmente namorar, mas tento colocar na minha cabeça que seria melhor esperar.

Então, gente, se eu namorar antes dos 20, saibam que tentei esperar o máximo possível, rsrsrsrs!

A maioria das minhas amigas ainda não pensa nisso, estão tranquilas quanto a namoro. Agora, eu tenho uma colega que gosta, tipo, de uns dez, vinte meninos. Ao mesmo tempo.

Minha mãe me fala que achar um menino bonito é supernormal, não tem problema, mas tem uma idade pra namorar, e não é agora. Ela diz que, mesmo se eu achar um menino bonito e ele me achar bonita, não temos idade pra um namoro.

PERFIL DA SOSO

NOME COMPLETO: Sophia de Moraes Valverde
NASCIMENTO: 30/08/2005
NATURALIDADE: Curitiba

COR DOS OLHOS: castanhos
COR PREFERIDA: violeta
MANIA: de pedir desculpas
SONHO: conhecer o Japão
HOBBY: festa do pijama com amigas
COMIDA DE QUE MAIS GOSTA: churrasco
DEFEITO: viajar na maionese quando me fazem uma pergunta (mas só às vezes... rsrsrsrs!)
QUALIDADE: superamiga de verdade
NÃO VIVE SEM: Jesus
FAMÍLIA: minha base
O QUE GOSTA DE OUVIR: Tini Stoessel
APP FAVORITO: YouTube
O QUE NÃO SUPORTA: sopas

TWITTER: @Sophia_Valverde
YOUTUBE: OMundoDaSophiaValverde
INSTAGRAM: @sophiavalverde
PÁGINA DO FACEBOOK: @sophiavalverdeoficial

PERFIL DE _____

NOME COMPLETO: _____
_____
NASCIMENTO: _____
NATURALIDADE: _____

agora é a sua vez!!!

COR DOS OLHOS: _____
COR PREFERIDA: _____
MANIA: _____
SONHO: _____
HOBBY: _____
COMIDA DE QUE MAIS GOSTA: _____
DEFEITO: _____
QUALIDADE: _____
NÃO VIVE SEM: _____
FAMÍLIA: _____
O QUE GOSTA DE OUVIR: _____
APP FAVORITO: _____
O QUE NÃO SUPORTA: _____

Foi assim que tudo começou...

Sou muito desenvolta e falante, desde quando era um toquinho de gente.

Meu pai lembra que eu falava com todo mundo, que puxava papo ou soltava do nada um elogio. No shopping, por exemplo, eu às vezes perguntava o nome da pessoa. Ai, que vergonha, gente! A pessoa respondia e eu não ficava quieta. Continuava… "Você tem filho?" Ai, ai, fiquei com mais vergonha ainda quando soube disso. Começava a fazer um interrogatório com as pessoas e se formava uma rodinha pra falar comigo, como se eu fosse a entrevistadora da roda.

Nos Estados Unidos, certa vez, eu estava na piscina do hotel com meu pai, vi uma criança do outro lado e comecei a tagarelar. Meu pai viu aquela cena e pensou: "Nossa, a Sophia achou uma brasileira."

Que nada!

A menina era americana mesmo e não me perguntem como consegui bater papo com ela. 😂😅

DIZEM QUE QUEM TEM BOCA VAI A ROMA.

Acho que sou meio assim...

Quando nasci, nós morávamos em Curitiba. Minha mãe inventou de fazer uma série de fotos pra acompanhar meu crescimento desde os primeiros dias. Ela queria ter feito aquelas fotos que as grávidas fazem, mas, como nasci antes do tempo, ela não conseguiu fazer! Hahaha!

Meu crescimento foi acompanhado por muitos flashes.

ERA UM FLASH PRA LÁ,
OUTRO FLASH PRA CÁ,
COMO VOCÊS PODEM VER.

Meus pais diziam que eu fotografava bem
e sempre ria pras câmeras.

Mudamos pra São Paulo por causa do trabalho do meu pai e, certo dia, uma agência enviou uma mensagem no Orkut (olha que antigo, gente!). O Facebook nem existia ainda. Perguntaram pra minha mãe se eu tinha interesse em me agenciar.

Eu tinha apenas 3 aninhos e minha resposta foi:
Sim! Sim! Sim!

Programamos de ir à agência na semana seguinte. Mas passaram alguns minutos e uma mulher da mesma agência falou pra minha mãe:

"Ó, vai ter um teste amanhã, você não quer levá-la?"

Minha mãe olhou pra mim, eu olhei pra ela e falamos juntas:

"Queremos, SIM!"

Minha carreira começa assim, bem novinha, aos 3 anos e 10 meses de idade.

FUI AO TESTE E FUI APROVADA.

Meu primeiro trabalho é esse aí, no comercial do Zé Gotinha.

O comercial servia pra incentivar as crianças menores a tomarem a vacina. Eu era uma gotinha, mas junto comigo havia váááááárias outras crianças. No dia da gravação, a equipe chegou com uma roupa que tinha uma gotinha na cabeça. Eu virei pra minha mãe, um pouco tensa. Umas crianças ficaram com medo e até choraram porque acharam que a vacina era de verdade! Vai saber... Kkkkkk! 😂 😂

Mas minha mãe me explicou que tudo não passava de uma gravação de comercial, que não teríamos que tomar a vacina "com agulha" e, quando vesti a roupa, PASSOU. Foi tranquilo. Não senti nada. Na verdade, a roupa era muito fofinha. Aquelas crianças todas juntas pareciam um exército de gotinhas, entenderam? No final dessa gravação, ainda recebi os parabéns da equipe e da direção. Acharam até que eu já tinha experiência, pois me saí muito bem!

Só que...

Demorou bastante pra esse comercial ir ao ar. Tipo assim, demorou MUITO mesmo! Imaginem a minha ansiedade pra me ver pela primeira vez na televisão.

Até que uma noite, minha vó estava lá em casa, minha mãe arrumava umas coisas e eu brincava no meu quarto com a minha tia. De repente, minha mãe gritou:

"A SOPHIIIIIIIIIIIA!"

E ela gritava meu nome sem parar, desesperada.
Eu saí do meu quarto assustadíssima. Pensei:

"O que está acontecendo nesta casa? Tá pegando fogo em algum lugar?"

Em segundos, minha mãe explicou que era o comercial e eu fiquei muito, muito brava.

"Mããããe, precisa fazer esse escândalo? Que susto!"

Sério, eu era pequenininha e me assustei muito com os gritos.

Passado o susto — UFAAAAAA! —, vi o comercial e AMEIII! Fiquei muito feliz e logo depois já quis fazer vários outros.

Fui agenciada, afinal, e comecei a fazer mais testes. Minha sorte é que eu passava em praticamente todos eles.

Fiz, no total, duzentos trabalhos, entre comerciais de TV, catálogos e desfiles, antes da minha primeira novela! Minha mãe tem um caderninho em que anota todos: comerciais de TV, campanha de fotos, desfiles etc.

Essa vida de testes funciona mais ou menos assim: a agência liga um ou dois dias antes convocando pra um teste com duas opções de horários: das 10h às 12h ou das 14h às 18h. Como eu estudava à tarde e morava na Grande São Paulo, era a primeira a chegar e a fazer os testes. Cheguei a sair de casa supercedo pra ser a primeira e não atrapalhar minha chegada à escola. Confesso que várias vezes ia dormindo na cadeirinha do carro, com o cinto.

Mas sem roncar, tá? Kkkkk!

O MUNDO
das novelas

Antes de começar, vocês sabem me responder quais novelas e personagens eu fiz? Quero só ver! Escreva abaixo os nomes, na ordem de trabalhos:

_____
_____
_____
_____
_____
_____
_____
_____
_____
_____
_____
_____

Depois dessa saga dos testes, começou uma nova: os testes pra novelas. Era meu sonho. Tinha 5 anos quando fiz o teste pra novela *Carrossel*, do SBT. Cinco aninhos, gente! A agência nos alertou que eles buscavam crianças a partir de 7 anos, mas insistimos e consegui fazer.

Resultado: não fui aprovada.

Era muito novinha pra ser algum personagem. Fiquei muito chateada e triste. Por alguns segundos, pensei até em desistir.

"Não quero mais ser atriz."

Calma, gente! Só foram alguns segundinhos. A novela entrou no ar, eu assistia a todos os capítulos e, logo nos primeiros momentos, falei:

"NÃO. NADA DISSO, SOPHIA. XÔ, DESISTÊNCIA! FOI SÓ UM NÃO!"

Há coisas que acontecem pro nosso bem. Foi ali que decidi que gostaria de fazer novela. E, quando tomei essa decisão, minha mãe me disse: então você vai estudar teatro. Meu vovô Diogo foi quem pagou meu primeiro curso. Obrigada, vovô Diogo!!!

Comecei a fazer um curso de teatro na Casa de Artes Operária, no bairro da Mooca, em São Paulo, onde tinha aulas de interpretação, dança e canto. Queria aprender mais sobre a profissão de atriz. Até que, numa das aulas, que duravam quatro horas, apareceu um olheiro do SBT pra ver as crianças do curso. Dei o meu melhor, sem saber que ali estava um homem em busca de novos talentos. No fim da aula, ele conversou com a diretora da escola, disse que gostou de alguns alunos e queria que fizessem um teste de uma nova novela. Era *Chiquititas*.

Eu era uma das crianças de quem ele tinha gostado.

IUPIIIIIII!!!

Tenho fama de viajar no meu fantástico mundinho! Reparem só:

Ao chegar no teste de *Chiquititas*, nos levaram a um cenário da novela *Carrossel* pra fazer o teste. Eu fiquei assim, ó: "Meu Deus! Que cenário lindo!" Vi aquilo tudo e fiquei me imaginando lá. Na hora, me perguntaram:

"Sophia, você já fez teatro?"

Na minha cabeça, teatro era o curso que eu fazia. Respondi que sim, que já tinha feito várias peças. Mas não. Eles queriam saber se eu havia feito uma peça profissional.

AI, SOPHIA!!!

Estava programado nesse teste de eu cantar uma música, mas, na hora, deu a louca em mim e resolvi trocar. Só que tinha de dançar também — E EU NÃO SABIA. Imaginem a minha cara de espanto. No e-mail que recebemos estava escrito que eu teria de atuar, cantar e dançar. Acho que, na ansiedade, minha mãe leu que era pra atuar e "cantar OU dançar". Mas tudo bem. Fiz uma coreografia de balé, nem lembro direito como eu dançava, mas era balé e inventei uns passos diferentes.

Ai, ai. Só eu mesma...

Cantei, dancei e falei o texto que não era muito difícil. Foi tudo rapidinho. Saí e disse: "Mãe, fui muito bem, eles gostaram de mim."

Fui chamada pra um segundo teste com os pré-selecionados do primeiro. E teve uma situação engraçada nesse: no texto, tinha uma parte em que a personagem precisava dizer "Deus me livre!!!" e fazer o sinal da cruz. Como sou evangélica, não sei fazer o sinal da cruz. Aí, na hora, inventei de fazer um quadrado bem rápido em vez da cruz. Kkkkkk!

Minha fala era: "Deus me livre!!!" Imagina eu falando isso rápido e fazendo o quadrado junto. Quem assistiu à cena deu muita risada.

Eu fiz, achei que fui bem, mas e a agonia de esperar tanto tempo por uma resposta?

PASSOU UM DIA.
PASSARAM-SE DOIS DIAS
TRÊS
QUATRO
CINCO
SEIS
SETE
OITO
NOVE
DEZ DIAS E... NADA DE LIGAÇÃO.

Eu ficava perguntando pra minha mãe:

"Ai, será que vou passar? Será que vou passar?"

Minha mãe olhava pra mim e dizia:

"Sophia, calma..."

AGOSTO, SETEMBRO, OUTUBRO PASSARAM E... NADA.

Achei que não tinha passado.

Em meados de novembro, tocou o telefone da minha mãe. Pela expressão dela, algo me dizia que vinha uma notícia muito boa do SBT.

Eu sabia. Na outra linha, estava o pessoal do elenco:

> "Estou ligando pra dizer que a Sophia foi aprovada."

ÊÊÊÊÊÊÊÊÊÊÊÊÊ!!!

Começou o maior "auê". Eu não sabia se ria ou se chorava. Quando minha mãe desligou o telefone, começamos a gritar, comemorar e chorar de alegria. Oramos agradecendo a Deus por ELE ter me dado essa oportunidade de fazer uma novela. Eu queria contar pra todo mundo, mas não podia, porque pediram sigilo por um tempo e contei apenas pra minha família.

Foi uma alegria imensa!

De tanto imaginar, passei a viver o universo de novela com os atores. Fizemos workshop com o elenco infantil.

Chiquititas foi o meu pontapé na televisão, a minha primeira novela. O começo de tudo.

Apesar dos comerciais na TV, eu não tinha experiência em novela. Eu tinha 7 anos na época do workshop, mas quando comecei a gravar estava com 8. Foi uma coisa muito, muito, muuuuuuuuito legal!

Hoje, posso dizer do fundinho do meu ♥ que amo meu trabalho, amo gravar e aaaaaaaaaamo ser atriz.

No início, eu não entendia direito o universo das gravações. Um diretor falava:

"VT, está gravando."

E eu:

"O QUÊÊÊ?"

Mas aprendi rapidinho como tudo funciona!!!

Os diretores das novelas são diferentes uns dos outros: alguns brincam bastante, outros são mais sérios. Na reprise de *Chiquititas* eu até consigo identificar qual era o diretor das cenas, porque cada um é de um jeito. Tem um, por exemplo, que é descontraído e brincalhão. Numa das cenas, todos foram ao baile e eu e mais duas personagens ficávamos presas no quarto. Só que... a minha personagem estava com muita vontade de fazer xixi. O diretor chegou pra mim e falou: "Fica meio vesga." Pronto. Eu segui seu conselho e fiquei tão vesga, tão vesga, que, quando saí do estúdio, ainda estava meio vesga de verdade. Hahahahahaha! Depois, claro, passou. A cena ficou divertidíssima.

Minha primeira gravação foi uma externa (ou seja, fora do estúdio) e eu estava toda sujinha. O diretor da cena foi um mais sério. No final da gravação, olhei pra ele e disse:

"Muito obrigada. Você foi o meu primeiro diretor."

Dei um abraço apertado nele. Desde então, ele foi um querido comigo durante todo o período de gravação.

Outro diretor que me acompanhou nas primeiras cenas em estúdio foi o Sr. Reynaldo Boury. Ele é o diretor-geral de teledramaturgia do SBT. Minhas primeiras cenas de estúdio foi ele quem acompanhou e dirigiu. Saiu até uma reportagem em uma revista sobre esse meu dia de gravação com o sr. Boury. Nela, tem escrito que eu tinha dado um show na hora do "gravando" e que não tinha dado trabalho algum pra equipe! Que alegria, né? Minha mãe se lembra dele dizendo: "Você é a mãe da Sophia?" Ela confirmou e ele continuou: "Ela é ótima!!!" Guardamos com carinho até hoje aquele elogio. Agradeço a Deus pela vida dele e por estar trabalhando com ele, pois aprendo muito mesmo, com ele e com todo mundo lá na emissora!!!

Beijinhos, seu Boury! E pra todos da direção, da produção, do elenco, enfim, todos da emissora!!! Aaaaaamo todos vcs!!!

A LOIRA DO Banheiro

Por um tempo, eu e as meninas de *Chiquititas* tínhamos uma brincadeira preferida durante os intervalos de gravação.

Eu não sei direito como e de onde surgiu essa lenda de que uma loira aparece pra crianças e adolescentes nos banheiros das escolas, aterrorizando-as. Bastava falar olhando pro espelho:

"LOIRA DO BANHEIRO, LOIRA DO BANHEIRO, LOIRA DO BANHEIRO"

Dar três descargas e ela aparecia.

MEEEE-DOOOO!

Nós, meninas, doidas por uma aventura, resolvemos fazer esse teste do banheiro. Fizemos exatamente o que diz a lenda.

Isso é que é mexer com o perigo, né?

Mas vocês não fazem ideia o que aconteceu. Depois que saímos gritando, fomos abrir a porta e quem disse que a porta do banheiro abria???
Gente, a porta simplesmente EM-PER-ROU!

Eu gelei e começamos a berrar.

AAAAAAAAAAAAAH! ABRAM A POOOOORTA!

Continuamos berrando.

Até que, TCHARAM, a porta se abriu.
Na verdade verdadeira, não aconteceu nada e a loira do banheiro não apareceu. Ai, gente, mas não aconselho ninguém a fazer essa brincadeira. É assustadora!
Outra brincadeira que adorávamos nos intervalos era cabra-cega. Tinha uma sala enoooorme pro elenco e a gente brincava lá.

Ser criança é muito bom, não acham?

O mundo DO CINEMA

Após minha primeira novela, fui chamada pra fazer um teste de cinema. Sim, CI-NE-MA. O filme se chamaria *Como Nossos Pais*. No dia do teste, achei estranho o fato de terem dito que não teria texto. Oi? Teste sem texto? Não estava acostumada. Sempre me passavam um texto pra falar. Pensei: *"hummmm... eles vão aparecer com um texto surpresa bem na hora."*

Nada disso.

Eu cheguei ao estúdio, na expectativa, e eles falaram:

"Você vai ter que ficar brava porque quer ir de bicicleta pra escola."

COF-COF. COMO?

"Sim, você quer ir de bicicleta pra escola. GRAVANDO."

Na cena improvisada, eu tinha que "brigar" com a minha "mãe" porque eu queria andar de bicicleta. Caí em prantos, atuando, e fui bem no teste. Depois de uns meses, me chamaram pra um segundo teste.

E não é que fui aprovada?

YÊEEEEEEEEEEEEEES! 😊

Foi muito legal fazer esse filme e gravar com a atriz Maria Ribeiro e o ator Paulinho Vilhena. Eles eram muito legais, divertidos, atenciosos, aliás, não só eles, mas todos que faziam parte da direção, da produção e do elenco.

A diretora Laís Bodanzky não dava textos pra eu e a atriz que fazia minha irmã, a Annalara Prates, decorarmos. Na hora, ela falava o que ia acontecer na cena e qual intenção teríamos que dar pros nossos personagens. Só em alguns momentos ela falava o texto que tínhamos que dizer. Adorei essa técnica de falar o que vem na cabeça de acordo com a história, porque às vezes ficamos muito presos ao texto. Nas novelas, eles dão um pouco dessa liberdade de alterar uma coisa ou outra, e isso é muito bom. E claro que já sabíamos de toda a história do filme. Foi uma experiência ótima ter feito esse filme, porque aprendi muitas coisas novas. *Como Nossos Pais* ganhou seis prêmios Kikitos no Festival de Gramado de 2017, entre eles o de Melhor Filme, Direção, Ator, Atriz e Atriz Coadjuvante.

Orgulho de ter feito parte!

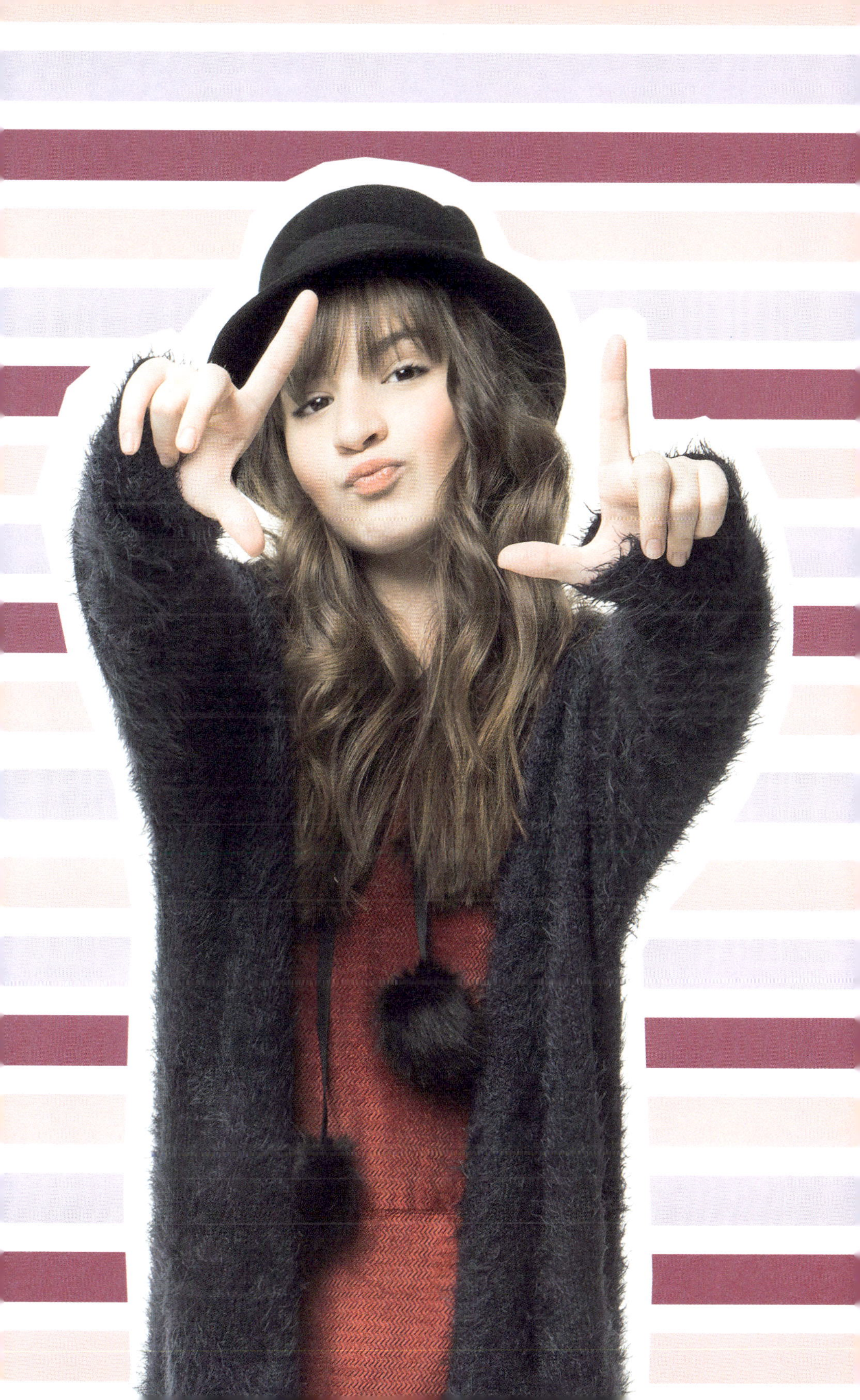

como faz PRA CHORAR?

O fim das gravações da minha primeira novela foi muito emocionante pra minha personagem. Tive que chorar bastante em cena, e isso é tranquilo pra mim. É só eu me concentrar que as lágrimas vêm. Sei que parece estranho, mas é isso mesmo: eu me concentro muito nessas cenas tristes. No começo, eu pensava bastante na personagem e no drama que ela vivia. Eu me colocava no lugar dela, sabe?

Em outros momentos eu pensava em filmes tristes a que assisti e chorei. Já viram o filme *Marley & Eu*?

Ai, gente, toda vez que assisto, eu choro.

Quando me lembro de cenas e filmes assim, com cachorro e com final nada feliz (não vou contar aqui o final, mas quem não assistiu já percebeu que não acaba bem 😕), começo a chorar, chorar, chorar muito. Gente, só de escrever o título do filme M-A-R-L-E-Y-E-E-U me dá um nó na garganta, porque me lembro da metade pro final. SNIFF!

No teatro, fazendo a peça *O que Terá Acontecido a Baby Jane?*, de Charles Möeller e Claudio Botelho, tinha vezes que eu não conseguia chorar em uma das cenas, porque a personagem era tão má, tão má, que eu não tinha dó dela. Então, às vezes, eu assistia a um pedacinho de *Marley & Eu* pra ajudar.

Mas confesso que, hoje em dia, não preciso assistir a mais nada. O segredo é se concentrar e viver aquilo que a personagem está vivendo naquele momento. É muito legal quando você consegue ter esse controle e essa concentração.

ALGUÉM falou em DISNEY?

Depois que acabaram as gravações da minha primeira novela, tive um período pra descansar, porque foram dois anos e dois meses entre workshop e gravação. Pra um merecido descanso, minha família e eu resolvemos viajar pra Disney. Meus pais inventaram de fazer uma escala de quatro dias em Nova York antes. *QUATRO DIAS?* Arrependimento total. Quatro dias não dá pra fazer quase nada, porque *tem muita coisa legal em Nova York!* Eu amei, amei, amei! Acho que até gosto mais de Nova York que de Orlando. Na verdade gosto dos dois, mas acho que tenho uma quedinha a mais por NY. Eu não sei dizer o motivo, mas amei muito, até porque, por onde passamos lá, nos lembramos de tantos filmes que têm essa cidade como cenário!!! É incrível mesmo! Depois ficamos mais uns quinze dias em Orlando, que eu amei. Voltamos e fiquei sem fazer nada relacionado a TV.

"Ai, meu Deus, será que não vou mais fazer nenhum trabalho?"

Era esse o meu pensamento, porque o telefone não tocava. Dá um nervoso... Vida de ator é assim.

Em outubro, cinco meses depois da viagem que acabei de contar, meu tio Bruno quis viajar pra Orlando com a família dele. Sim, nós tínhamos ido no primeiro semestre de 2015. Mas sabe como é família, né? Quando o tio Bruno falou, minha mãe e minha tia Renata também se interessaram, até porque vovô e vovó também iam com a família do tio Bruno. Minha mãe disse:

> "É a primeira viagem dos meus pais *(no caso, meus avós)* para fora do país, e eu preciso ver isso."

Meu pai disse que nós poderíamos ir, mas ele tinha que trabalhar. Aí, minha tia Renata também resolveu ir com minha prima Olívia, mas meu tio Tato não poderia ir, pois tinha que trabalhar. Eu contei dessa viagem pra uma prima da minha mãe, chamada Jessica, e ela disse na hora que iria com o marido e o filho também!!! O pessoal estava tão empolgado que, quando soube que tanta gente iria, meu pai falou:

> "Já que todos vão, eu também vou!"

Hahahahaha! Família animada, né? E, no final, foi todo esse povo: eu, minha mamis, meu pai, vovó Nice, vovô Ademar, tia Re, Olívia, titio Bruno, tia Pam, Benício, Miguel, Jessica, Everton e Felipe. Foi uma festa. Viajar com a família é TUDO DE BOM!!!

O MUNDO NO youtube

Quando acabei de gravar minha primeira novela, realizei outro sonho: ter o meu próprio canal no YouTube! Siiiiiiiiiiiiiim!

Queria muito ser uma youtuber também!

Foi nesse período que criei o canal junto com meus pais. No dia 21 de setembro de 2015, entrou no ar o meu primeiro vídeo. O nome escolhido pro meu canal foi:

O Mundo da Sophia Valverde

E por que esse nome? Porque também queria mostrar lá como é o meu mundo de verdade e falar das coisas que eu gosto, da mesma forma que estou fazendo neste livro.

Nos primeiros vídeos eu me apresentei, postei os registros da minha viagem a Orlando e fiz uma gravação de respostas aos fãs. Os temas são muito variados, vão do meu medo de injeção aos materiais escolares, de decorar versículos da Bíblia até ensinar como fazer brownie com a tia Renata.

Por causa da correria do dia a dia, às vezes não consigo postar um vídeo toda semana. Mas sempre que posso eu posto, porque AMO muito mesmo gravar coisas sobre a minha vida, responder às perguntas de vocês, abrir brinquedos e tudo mais! *AMOOOO postar os vídeos novos no meu canal pra vocês!*

Já ganhei minha placa de 100 mil inscritos e espero que o canal cresça muito mais.

Se você ainda não se inscreveu, corre lá, se inscreve e não deixa de ativar as notificações pra receber avisos de quando tiver vídeo novo *#OMundoDaSophiaValverde*

> Ei, um segredinho só aqui entre a gente: Eu não gosto de fazer compras.

Pode parecer louco dizer isso, porque sei que muitas amigas AMAM fazer suas comprinhas, mas eu tenho certa preguiça. Em Orlando, na segunda viagem com toda a família, teve um momento em que eu estava sentada esperando meus pais e os outros que estavam comprando algumas coisas quando, *TCHARAM!*, tocou o telefone.

Era o SBT!

Foi ali no meio da loja que me chamaram pra voltar às telinhas de todo o Brasil com *Cúmplices de um Resgate*.

A-MEI.
FIZ FESTA NO MEIO DA LOJA!

Logo que chegamos dessa viagem de Orlando, voltei pra gravar minha segunda novela.

QUE FELICIDADE!!!

No primeiro dia de gravação, eu seria uma roqueira e por isso estava toda produzida. Quando ia encontrando o elenco da novela, ficava ainda mais feliz e dizia: *"Ai, meu Deus!"*

Eu já assistia a *Cúmplices* sempre, né? Assistia simplesmente a TODOS os capítulos! Não só assistia como brincava em casa de fazer outras versões dessa novela pelo celular ou pelo tablet. Eu era a Isabela/Manuela, a boa e a má. Até me vesti como ela pra uma comemoração de dia das crianças na escola. Eu nem poderia imaginar, durante as brincadeiras, que faria parte do elenco!

Então foi muito, MUITO legal fazer uma novela da qual eu já era fã. Imagina assistir a uma novela e, de repente, você estar nessa novela!!!

Demais, né?

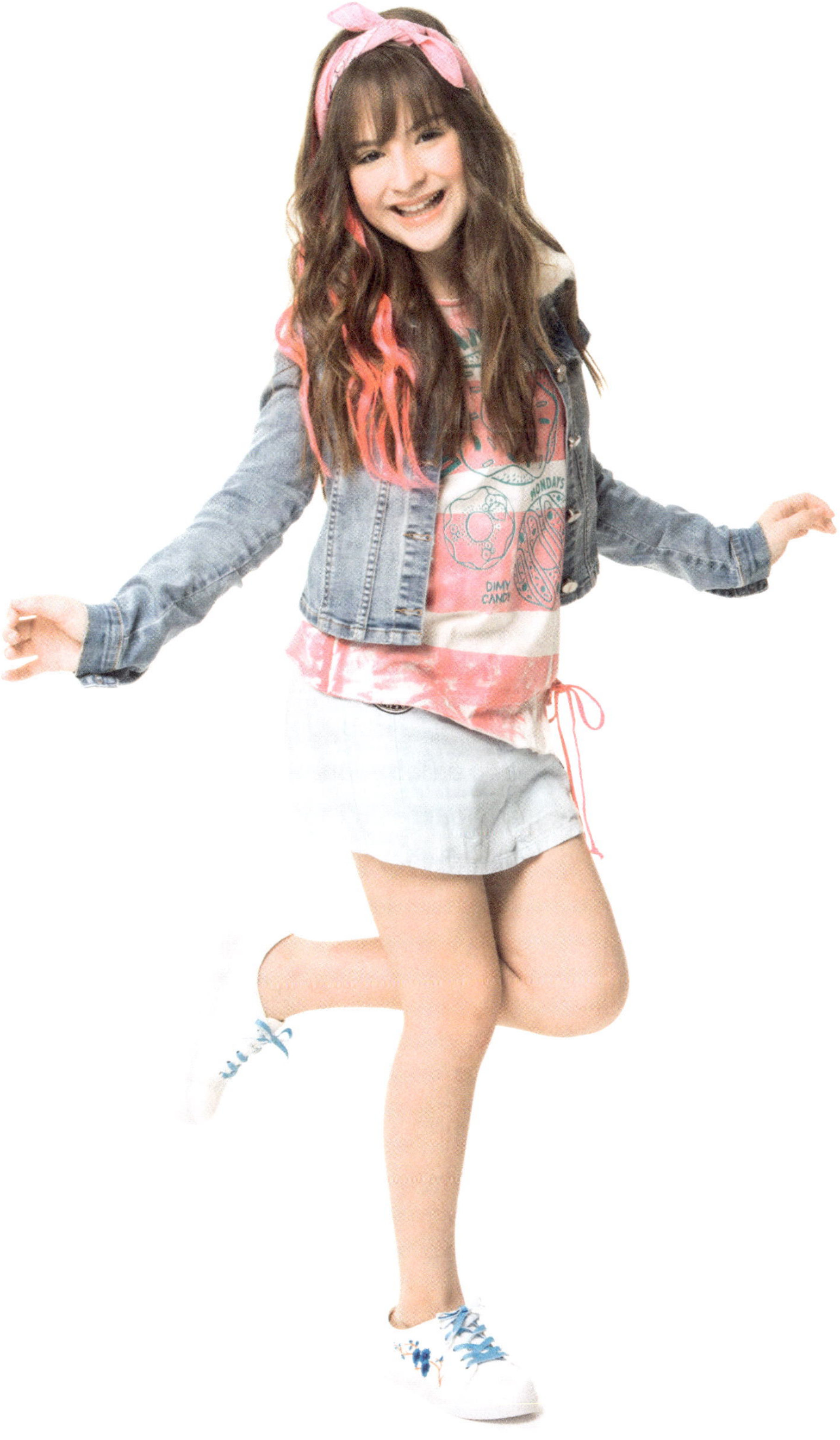
MONDAYS

O MUNDO dos palcos

Os diretores de musicais Charles Möeller e Claudio Botelho precisavam de uma atriz mirim pra fazer uma peça e pediram indicação pra mãe de um amigo que fez uma participação em *Chiquititas*. Ela se lembrou de mim e foi falar com minha mãe. Eu logo me empolguei. Teatro? Palco? Ótima história, diretores, produção e elenco? *Tô dentro!*

Fiz o teste e passei pra ser a Baby Jane quando criança.

O que Terá Acontecido a Baby Jane? é a história de uma criança muito birrenta, de poucos amigos, daquelas que querem as coisas na hora, sabe? Tem até um filme, e indico pra todo mundo assistir!!! Vale muito a pena!

Fui muito feliz fazendo essa peça e por ter contracenado com duas grandes atrizes do Brasil: a Eva Wilma e a Nicette Bruno, além dos outros atores e atrizes que estavam no elenco e também eram INCRÍVEIS!!! A Eva é um amorzinho. Ela sempre me dava dicas. Quando eu fazia algo que ela achava que podia ser melhor, me dava conselho. Por exemplo, ela dizia que eu deveria articular melhor certas palavras, como: "S-O-R-V-E-T-E", "A-G-O-R-A". Ela me deu um conselho que vou levar pra vida: as pessoas sempre têm que entender muito claramente o que o ator fala no palco e na TV. Isso fez toda a diferença no meu trabalho. Muitas e muitas vezes, ela vinha e me chamava num canto: "Parabéns, você fez direitinho hoje." Eu gosto muito, muito, dela!

A Nicette até foi no meu aniversário de onze anos. Ela também é um amorzinho e uma maravilhosa atriz. Superquerida!

Aprendi muito com essa experiência no teatro, com todos os atores, diretores e toda a produção! Valeu muito a pena! Eu me apaixonei pelo teatro!!!

Dá até saudade quando vejo essas fotos:

zum ZUM zum

Lá pelo fim das gravações da minha segunda novela, começaram a surgir umas conversas informais sobre uma futura novela do SBT que teria a personagem Poliana no papel principal, inspirada no clássico da literatura infantojuvenil escrito por Eleanor H. Porter.

Meu nome foi cogitado pro papel. Minha mãe ouvia muito isso. Era um baita zum-zum-zum entre as mães e a produção, porque eu tinha a idade da personagem e conseguia muito bem dar conta dos textos que uma personagem principal precisaria falar.

Acabaram as gravações de *Cúmplices* e eu voltei a estudar canto e interpretação, pra me aperfeiçoar um pouco mais, já que estava com as tardes livres e sem gravações.

Até que, em março de 2017, eu e minha mãe fomos chamadas pra uma reunião com os escritores da então nova novela, *As Aventuras de Poliana*. Eu fiquei muito feliz com o convite e superansiosa pra saber o que seria. Imagina só todos os autores da novela querendo falar com você...

Foi um papo muito legal e divertido. Eles gravaram algumas partes da nossa conversa e faziam perguntas sobre o meu dia a dia, a minha vida e tudo mais.

"Quais as suas matérias preferidas?"

"História, geografia e ciências."

"De que matéria você menos gosta?"

"Matemática."

Teve também questões sobre minhas amizades e minha família.

E não sei se é coincidência ou não, mas algumas características da Poliana são iguais às minhas. Sim, essa Poliana que vocês estão vendo tem muita coisa em comum comigo. Eu sou muito agradecida aos profissionais que fazem essa novela.

Bem, eu lembro que comecei a fazer os testes pra novela *As Aventuras de Poliana* com atores e atrizes que fariam os outros personagens. Mas eu ainda não sabia se seria ou não a Poliana. Sei que, quando me chamavam, eu fazia a Poliana e quem contracenava comigo fazia outros personagens.

Um dia, apareceu outro teste, pra protagonista de uma série de um serviço de streaming. Fiquei muito empolgada também. Repararam que sempre estou empolgada quando o assunto é trabalho de atriz, né? Hahaha, *amo!* Mas, ao mesmo tempo, meu coração batia mais forte pela Poliana, pois era o que eu realmente queria fazer. Orei muito. Pedi muito, muito, muito a Deus. Orava todos os dias:

> *"Se for da Sua vontade, Deus, que eu faça a Poliana, eu vou fazer. Se não for da Sua vontade, não vou fazer."*

Como estava nesse processo de seleção de *Poliana*, minha mãe comunicou o SBT sobre o convite pra outro teste. Assim que ela mandou o aviso, saímos pro shopping. De repente, TRIIIIIM TRIIIIIM, toca o celular da minha mãe.

"Oi, boa tarde, Danielle. A Sophia será a Poliana, tá? Estamos fazendo esses testes agora para definir quem irá atuar com ela..."

O QUÊÊÊÊÊÊÊÊ?

Eles falam nessa calma sem pensar no estado de alegria que ficaríamos?!

EU SEREI A POLIANA?

Cuidado com nosso coração, gente! Hahaha!

É sério: eu e minha mãe ficamos muito felizes e ligamos pro meu pai e pros nossos parentes mais próximos. Eu já queria fazer um jantar pra comemorar, queria contar pra escola toda, mas só contei muito tempo depois, porque, no começo, tudo é segredo. É que não podíamos contar — só depois que saísse na imprensa.

Estou vivendo um sonho ao dar vida à Poliana. Como estou vivendo tudo agora, não posso contar muita coisa. Só num outro momento, tá? E quem assiste pouco ou não assiste, comece a assistir já! *A novela está L-I-N-D-A!!!*

DEUS no meu MUNDO

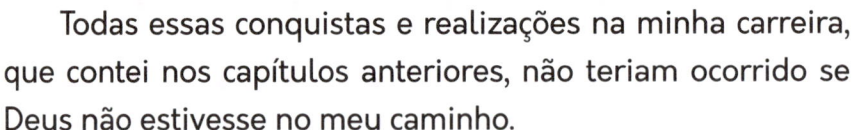

Todas essas conquistas e realizações na minha carreira, que contei nos capítulos anteriores, não teriam ocorrido se Deus não estivesse no meu caminho.

MEUS PAIS SEMPRE ME FALARAM QUE DEUS DEU UM TALENTO PRA MIM.

E que todo o trabalho que faço e toda conquista que tenho é porque Deus abriu essa porta. Desde os tempos dos comerciais eles diziam isso.

Não sou melhor do que ninguém. Sei que é Ele quem dirige e vem dirigindo a minha vida e minha carreira. Mas isso não tira a responsabilidade de me aperfeiçoar, de ralar, de estudar, de lutar com todas as forças que tenho pra realizar meus sonhos e objetivos.

TEMOS SEMPRE QUE CORRER ATRÁS DAQUILO EM QUE ACREDITAMOS.

Por isso, mesmo com meus pais falando que Deus me deu talento e me abre portas na carreira, eles sempre pagaram aulas de teatro, canto e dança pra mim, porque acreditam que tenho de me aprimorar e me esforçar pra ser melhor naquilo que tanto quero.

Quem me acompanha nas redes sociais sabe que sou evangélica.

Aprendi, desde cedo, a orar todos os dias. Quando oro, converso com Deus. *É o mesmo que a nossa conversa aqui no livro. Estamos tendo um bate-papo, não é?* Eu escrevo, vocês leem. Nas minhas orações, o meu papo é direto com Deus. E, no final da conversa, peço em nome de Jesus Cristo, porque eu e minha família cremos que Jesus Cristo é quem faz a nossa mediação com Deus.

Gosto de orar pra agradecer. Me sinto plena e realizada quando oro.

minha GRANDE família

Meu primeiro brigadeiro foi um desastre. Culpa minha. Vocês não imaginam a travessura que eu fiz. Parecia uma cena de filme de comédia ou de terror (pra minha tia). HAHAHAHAHA!

Eu tinha uns 4 anos e estava na casa da vó Nice e do vô Ademar com a minha titia Renatinha, como eu a chamava nessa época. Essa minha tia, irmã da minha mãe, me ajudou a fazer todos os passos do brigadeiro.

QUASE tudo pronto. Só tinha um detalhe que me incomodava: *o brigadeiro estava demorando muito pra esfriar!*

Eu estava mortinha de vontade de comer, com aquele cheiro maravilhoso pela casa, quando minha tia falou:

> "Sophia, falta pouco. Vamos deixar esfriar pra poder comer, tá bom?"

> "Tá bom, tia."

O brigadeiro estava num prato e tia Renata foi fazer outras coisas enquanto ele esfriava.

Eu fiquei sentada, pensando:

> *Só falta esfriar pra comer? Vamos, então, agilizar esse processo.*

PEGUEI UMA GARRAFA D'ÁGUA NA GELADEIRA. COLOQUEI NUM COPO E
XUÁÁÁÁÁÁÁÁÁÁÁÁ!

JOGUEI EM CIMA DO BRIGADEIRO.
Oxi, não era pra esfriar?
HAHAHAHAHAHAHAHAHA!

    Contando assim, parece uma cena de comédia. Mas, quando minha tia entrou na cozinha e viu o que eu tinha feito, ela ficou tão brava, mas tão brava, mas tão brava, que eu até me escondi embaixo da mesa. Hahaha!
    Lembro de ter visto ela jogando todo o brigadeiro fora, porque né? Teve que ser jogado no lixo. Não dava mais pra comer.

FAMÍLIA
família
PAPAI
mamãe
TITIA 🤍

A minha família é uma das coisas mais importantes que eu tenho. Eles estão sempre prontos a me ajudar apoiando meus sonhos. Eles até sonham comigo. Tem coisas especiais que faço com eles: os churrascos de domingo, os amigos secretos de Natal, os passeios e as viagens incríveis.

Ih, chegou a hora de falar da minha mãe. Difícil, mas vamos lá:

Ela é a melhor mãe do mundo e a minha melhor amiga. Sempre está ao meu lado e me ajuda a alcançar meus sonhos. Conto tudo pra ela. Até as "artes" que faço. Nessa hora, ela aproveita pra me orientar. Ela também costuma me contar tudo e me falar sobre tudo. Acho que faz isso pra me ensinar, dando exemplos reais. Sempre é muito atenciosa comigo.

Ela e meu pai cuidam muito bem de mim. Quando comecei a carreira, eles escolheram com muito critério o que eu faria ou não. Até pra eu poder ter tempo de "ser criança" e não só viver o meio artístico.

Minha mãe está aqui do meu lado dizendo que quer escrever sobre mim. Ai, ai, vou sair um pouquinho, tá?

Assume o livro um pouco, vai:

Sempre achei importante a Sophia ter tempo para fazer de tudo. Ela ama ser atriz, cantar, fazer eventos, comerciais e tudo o que envolve o meio artístico. Mas, como mãe, tenho a preocupação de que ela faça tudo o que ama e tudo o que precisa.

Cuido muito dela, principalmente depois que ela entrou na primeira novela. A Sophia precisa viver sua idade, ter experiências que as meninas têm. Não quero que ela pule as fases. Quero que viva plenamente os dois lados: o lado das conquistas de seu trabalho e o outro lado bonito da infância também. Acho importante para o crescimento.

Eu e a Soso somos supercompanheiras uma da outra e nos divertimos muito juntas. Como o Diego (pai) tem o seu emprego e trabalha muito, passamos muito tempo juntas, só nós duas. E isso nos uniu muito. Agradeço a Deus por poder estar bem perto dela e assim poder orientá-la e cuidar dela. Nosso papel como pais é dar amor, apoio e orientação.

Acreditamos que todas as portas que se abriram para a carreira da Sophia foram abertas por Deus. Sempre oramos para que Ele direcione a vida dela para coisas que serão boas para ela e para nós como família. E sabemos que tudo o que ela alcançou veio de Deus.

Meu pai é um barato. Amo, amo, amo!

Sou filha de um dono de padaria. Ou melhor, a padaria é do meu avô e meu pai toma conta de tudo junto com ele. Ser filha de um dono de padaria é bom. Eu pego tudo, rsrs!

PEGO SORVETE,
PEGO PÃO,
PEGO BOLO,
PEGO SALGADINHO.

Só não pego coxinha, porque não gosto muito.

Às vezes, pego a massa de pão, que não está pronta, e fico brincando de jogar pro alto e amassar. A massinha do pão é muito boa de brincar. Depois, ela vai pro lixo, mas não desperdiço, é só um pedacinho e quando passo por lá.

Em resumo: ser filha de padeiro é divertido. Nunca falta comida boa em casa, até porque ele ama cozinhar e sempre prepara pratos deliciosos. O meu preferido atualmente é o macarrão à carbonara. Aiaiaiaiai... uma delícia!!!

Na família, tenho a fama de ser arteira. Fama só, não, né?! Pela história do brigadeiro, deu pra perceber, não deu?

Comecei a andar exatamente com 9 meses.

Meses depois aprontei mais uma que doeu no coração dos meus pais:

Era um domingo. O meu vô lavava o carro, minha vó estava na igreja, e eu brincava perto da minha mãe, que estava arrumando as malas, porque a gente morava longe da casa da minha avó Nice, na época.

Enquanto isso, um frango delicioso estava sendo preparado no forno, naqueles aquecedores antigos que esquentam todos os lados do fogão e a frente também.

Como eu tinha acabado de aprender a andar, fui sozinha pra cozinha. Comecei a dar uns passos cada vez mais rápidos e continuei a andar. Foi tão rápido que a minha mãe nem se tocou.

Ao chegar na cozinha e ver o forno ligado, cheguei perto dele e, PÁÁÁÁ, coloquei minhas duas mãos e o meu nariz na parte da frente do forno.

AAAAAAAAAAAAAAI!

Imaginem a dor que senti. Eu era muito novinha, tinha 11 meses de idade e nem lembro direito, mas minha mãe diz que eu chorava muito. As minhas mãozinhas ficaram com bolhas e o meu nariz ficou vermelho. Foi tudo muito rápido. Por isso, como todo adulto diz: com criança, a gente sempre tem que ficar de olho.

Minha mãe saiu em disparada, desesperada com meu choro. Ela diz que eu coloquei a mão no forno quente e fiquei ali parada, como se nada tivesse acontecido. Que burrinha, né? Kkkk!

Corremos pro hospital, me medicaram pra dor, passaram umas pomadas e viemos pra casa. Detalhe: com as duas mãos enfaixadas. Pareciam umas luvinhas de boxe.

Meus pais me contam que, depois de um tempinho, quando já tinha sarado, eu continuava indo pra perto do forno.

Acreditam???? Eles falavam pra mim:

"Cuidado que está quente!"

Sabem o que eu fazia? Ia bem perto pra ver se estava quente mesmo.

SERÁ QUE EU ERA DANADINHA? HAHAHAHA! ACHO QUE SIM!

Tenho duas bisavós vivas: Eurides e Beatriz, e quatro avós: o vovô Ademar e a vovó Nice, do lado da minha mãe, e o vovô Diogo e a vovó Rô, do lado do meu pai.

Tenho oito tios, quatro de cada lado: tia Renatinha, tio Tato, titio Bru e titia Pam (do lado da minha mãe) e tia Dé, tio Rafael (que eu chamava de "Cafael"), tia Ana Paula e tio Newtinho (do lado do meu pai).

Tenho ainda sete primos de primeiro grau — o Benício, o Miguel, a Olívia e a Alice, do lado da minha mãe; e a Julia, o Pedrinho e o Matheus, do lado do meu pai.

Como é a sua família? É muito grande? Pequenininha? Conta aqui embaixo!

Eu fui a primeira menina da família.

Depois nasceu o Benício, depois o Matheus e ainda depois nasceu o Miguel. Nunca me importei, porque eram todos meninos. Conseguia manter o que falava constantemente pra todos:

"Podem ter meninos, porque eu não vou perder meu trono!!!"

Gente, olha a minha cabeça: eu achava que minha família era um reinado e eu a rainha por ser a única menina entre as crianças.

Até que um dia, num domingo de Páscoa, minha tia — aquela mesma que ficou muito brava da vida com a minha "arte" do brigadeiro — foi na nossa casa pro almoço. Eu estava intrigada, porque antes ela ligou dizendo pra minha mãe:

"Vamos levar o ovo de Páscoa da Sophia, e aí a gente conta uma novidade."

Novidade? Xiiiii... lá vem!!!

Quando ela chegou, eu estava brincando. Parei pra receber meu ovo — lindíssimo — de suas mãos. Quando ela me entregou, veio a bomba:

"Sophia, a titia tem uma novidade.
Titia está grávida."

GRÁVIDA? OI? EU OUVI DIREITO?

Eu não sei por que fiquei brava com aquele anúncio, porque ela não havia falado o sexo do bebê, mas algo me dizia que...

"Sim, Sophia. Titia está grávida, e de uma menina!"

Fechei os olhos e pensei: já era o meu reinado!!! Estava tão bom e lindo com os meninos (Benício, Matheus, Miguel e Pedro) em casa.

O QUE EU PODERIA FAZER?
NADA.
NÃO HAVIA NADA QUE EU PUDESSE FAZER.

No começo, sem ninguém ver, fiquei de cara emburrada. Dizia pra mim mesma que ela não seria minha prima. Incorporei a Baby Jane (antes de ser no teatro. Hahahaha!), dei uma de malvada e disse: "Ela não vai ser minha prima, e nem amiga — ela será minha inimiga."

Os meses foram passando, a barriga da minha tia crescendo mais, até que aceitei a ideia de dividir meu reinado com a Olívia — lindo nome, não acham? Comecei a achar que seria bom ter uma parceira ao meu lado.

FOI SÓ A OLÍVIA NASCER QUE ME APAIXONEI POR ELA. E AMO A MINHA PRIMA DEMAIS MESMO.

No dia em que a Olívia foi pra casa, aconteceu uma coisa horrível: ela teve uma apneia e parou de respirar. Gente, eu chorei muito, muito, muito!!! Não queria de forma alguma que minha priminha fosse embora. Graças a Deus, minha tia é enfermeira de UTI neonatal e socorreu na hora a filha. Ufaaaa. Que susto! Hoje, tenho mais duas primas meninas além da Olívia: a Alice e a Julia. Amo demais!!! Amo todos os meus primos.

MINHA FAMÍLIA
é muito unida!

Todo domingo é a mesma coisa: a família inteira almoça na casa da minha avó, mãe da minha mãe. São quatro tios e quatro primos. Os parentes do meu pai moram em São José do Rio Preto, no interior de São Paulo. Então, fica mais difícil ir pra lá. O cardápio de domingo não varia muito: normalmente é churrasco! Meu vô assa a carne e as crianças ficam direto no quarto de brinquedos.

A maioria dos meus brinquedos está lá nesse quarto vago que se tornou o "quarto dos sonhos" de qualquer criança. Tem quase todos os brinquedos que eu tinha desde novinha: fogão, geladeira, uma barraca que amo, milhares de cadernos, Barbies de todos os modelos, cachorrinhos e gatinhos de pelúcia, bonecas, moto motorizada e uma casa da Barbie de três andares.

Lembram que eu era a rainha da casa antes da chegada da Olívia? Então... ganhei muitos brinquedos dos meus avós e dos meus pais e tios.

Meus priminhos também têm alguns brinquedos lá. Quando está calor, nós brincamos no quintal. Brincamos tanto que nem vemos a hora passar. Só paramos quando um adulto vem nos chamar:

"CRIANÇAS, VENHAM COMER!"

De vez em quando, respondemos:

"não, estamos brincando!"

Mas não adianta, eles continuam chamando:

"VENHAM COMER!!!"

Aí comemos logo pra continuar brincando.

Costumo ser "a esfomeada". Quando chego, sento no meio da mesa, porque o Miguel quer sentar do meu lado e o Benício também.

Minha relação com meus avós é ótima. Eles se chamam Nice e Ademar, e, por morarem na mesma cidade, são bem próximos. Minha mãe diz que eles ficam igual a criança quando chego.

Eu e minha vó Nice, por exemplo, jogamos vários jogos, como os de tabuleiro e Combate. Pensam que ela me deixa ganhar pra ver a netinha feliz? Claro que não! Eu e ela entramos no jogo pra ganhar. Somos bem ligadas.

Minha avó é tão agarrada comigo que brinco dizendo que, de dez palavras que ela fala, cinco são Sophia, até quando não estou por perto.

Minha tia Renata me contou, dia desses, que falou pra ela:

"Mãe, está difícil fazer a Olívia sair das fraldas."

E aí ela respondeu a idade certinha que EU saí.

Ela vai ao médico e, em vez de falar o que está sentindo e qual é o problema, ela diz:

"Ah, sabia que a minha neta é atriz? Você tem filhos? Será que eles assistem às novelas do SBT?"

Isso que é uma avó coruja. Sou a paixão da vida dela.
E ela é a minha!
TE AMO, vovó!

Minha outra avó, a vovó Rosana, também é muito amorosa. Por causa da distância (já contei que esses meus avós moram em outra cidade, não é?), eu a vejo duas ou três vezes por ano. Mesmo assim, nossa relação é muito boa porque, do lado do meu pai, eu também fui a única menina por muito tempo. Mas as minhas brincadeiras com ela, quando eu era bem pequenininha, não eram de boneca. Sei lá o porquê, eu falava assim:

"Vamos brincar de grávida. Tô grávida."

Era uma das minhas brincadeiras preferidas. Outra que eu adorava era a brincadeira de noiva. Cismei que eu era noiva. O noivo? Não tinha, mas eu queria ser a noiva. Lembro que minha vó pegou uma cortina e fez um véu de noiva pra mim. Ficou lindo. Muita gente não entendia de onde eu inventava essas brincadeiras, mas eu sei: eu tinha acabado de assistir ao filme *Shrek* e queria ser a Fiona. Assisti várias e várias vezes.

Sempre gostei de vestir figurinos e fantasias. E hoje em dia eu amo perucas!!! Tenho uma coleção de perucas em casa. Ultimamente, chego na casa deles, em Rio Preto, e falo:

"Gente, vou fazer massagem no pé de vocês... Mas, calma, essa massagem vai ter um preço. São cinco reais por cada pé."

Em uma das vezes era porque eu precisava ganhar um dinheirinho pra comprar um Furby. Hahahaha... fazer massagens pra comprar um Furby.

Meus avós e meus tios de Rio Preto amam minha massagem. Eu pego os cremes da minha vó e começo a fazer. Meu vô, quando sabe que preciso de algo, fica com dó e paga bem mais pela massagem. Um querido!!! Já deixou até eu pintar as unhas dele com esmalte, acreditam?

concurso de miss: É MELHOR RIR pra não chorar

Quando eu tinha 5 aninhos, minha mãe inventou de me inscrever em um concurso de miss mirim. Esse meio mexe com tantas emoções que, no final, é melhor rir pra não chorar.

Os desfiles são sempre muito lindos pra quem assiste, mas as pessoas não fazem ideia da competição que eventualmente acontece.

No dia do desfile, tínhamos uma sala pra nos arrumarmos. Apenas algumas mães sorteadas poderiam acompanhar, porque o espaço era pequeno. Na hora do desfile, deixaram minha mãe ficar.

Ainda bem que ela ficou. Prestem atenção no que aconteceu:

Um dia antes, os pais das participantes tinham que buscar o maiô das crianças pro desfile. Uma mãe falou assim pra minha:

"Você pode pegar o maiô da minha filha?"

Ela topou e buscou os dois maiôs, o meu e o da menina.

Na hora do desfile, entramos com três figurinos: traje passeio, maiô e gala. Após a minha primeira passagem com o traje passeio, CADÊ O MAIÔ? ELE ESTAVA LÁ E SUMIU!!!

SUMIU!!!

Apareceu uma pessoa e alertou minha mãe:

"Ah, se você não trouxe o maiô dela, ela não pode participar. Não vai desfilar e vai ser desclassificada."

Outra mãe escutou e tentou ajudar:

"Minha filha é uma das primeiras da fila e a sua é uma das últimas. Depois que a minha filha desfilar, tiro o maiô dela e você veste na sua filha, pode ser?"

Que sufoco, mas tá bom. Topamos. E muito obrigada por isso viu?

Foi uma correria pra eu colocar esse maiô, mas deu certo. E, no fim, desfilei com o traje de gala, que era um vestido de festa. Só quando eu estava no meio da passarela, no minuto final, apareceram com meu maiô. Detalhe: depois de quase ter sido desclassificada, acharam. Hahahahaha!

Desfile encerrado, entra o organizador pra anunciar as vencedoras.

"EM TERCEIRO LUGAR, A FULANA DE TAL."
APLAUSOS.
"EM SEGUNDO LUGAR, A FULANA DE TAL."
MAIS APLAUSOS.
"EM PRIMEIRO LUGAR, SOPHIAAAA VALVERDEEEEE!"

Gente, eu tinha 5 anos. Quando anunciaram meu nome, eu sorri, mas não me toquei que tinha que buscar a coroa de miss. Nesses segundos, uma menina apareceu no meu lugar. Parece cena de filme de comédia, né?

Algumas pessoas na plateia gritaram:

"Essa menina não é a Sophia Valverde!"

Não adiantou de nada. Estavam colocando uma capa, a coroa e entregando uma flor pra Sophia Valverde errada.

Minha mãe já estava descabelada. Hahahaha!

O povo começou a comentar, até que chegou aos ouvidos do organizador que aquela não era a vencedora.

No fim, deu tudo certo. Me coroaram e fui a miss daquele ano!!!

Hahahahaha!

Mais uma experiência pra mim e dessa vez muito engraçada!!!

Ai, ai...

O MELHOR DE TUDO É QUE TENHO ESSA HISTÓRIA PRA CONTAR PRA VOCÊS. U-HUL!

CACHORRO
GATO
PINTINHO
E PEIXINHO

Eu tinha uns 10 anos de idade quando fiz um pedido importante pra um Papai Noel de shopping:

> "Papai Noel, eu quero um cachorro!"

Ele me olhou, com uma expressão de quem já tinha ouvido esse pedido algumas vezes por crianças, e respondeu:

> "Você foi uma menina obediente?"

Antes que eu respondesse, ele completou:

> "Mas sua mãe deixou você ter um cachorro?"

Respondi, sem muita segurança, que sim. Antes de sair, cheguei pertinho do ouvido dele e sussurrei:

> "Papai Noel, mas eu quero um cachorro de verdade, tá? Não me traz um de mentira!"

Foi assim que chegou o Panqueca na minha vida: através de um pedido pro Papai Noel. Fazia muito tempo que eu queria um cachorrinho. Acho muito fofo ter um companheiro bicho, independentemente de ser cachorro ou gato. Eu já tinha uma gata na minha casa e outra gata e um cachorro na casa da minha vó. Eles são companheiros e ponto. E comigo esse amor vai além: finjo que eles são meus filhos, porque cuido deles, pego no colo, mimo muito mesmo, acompanho o crescimento deles. Quando eu era menorzinha até brincava de mamãe e filhinho e era uma relação muito verdadeira. A diferença de brincar de boneca e ter um bicho é que boneca não reage. Bicho dá uma resposta pra cada aceno que você faz. Talvez seja esse o motivo de eu querer, desde novinha, todos os bichinhos do mundo.

(Mas sempre amei boneca, tá? Kkkk!)
Voltando...

Pedi o Panqueca pro Papai Noel sem contar pra minha mãe o que estava tramando. Foi assim: falei no ouvido dele no shopping; quando minha mãe me viu cochichar, saiu em disparada pra saber o que eu tinha falado. Ela é curiosa e quer saber de todos os detalhes quando o assunto é SOPHIA. Eu simplesmente respondi:

"Não vou contar, mãe, porque é segredo!"

Minha mãe, muito esperta, ficou desconfiada que o pedido envolvia um animal, porque fazia um tempo que eu queria um cachorro. Resolvi escrever uma carta pra reforçar meu pedido pro Papai Noel. Escrevi com todas as palavras que vieram do meu coração e, sem fazer barulho, deixei na sacada do meu apartamento pra ele pegar. Contei pras minhas amigas e elas reagiram:

"Sophia, sua louca, desde quando Papai Noel voa?"

MENINAS, VOA, SIM!!! *(ao menos, no meu mundo!)*

Ele pega todas as cartinhas na casa das pessoas. É assim que funciona... Hahaha!

Além de deixar aquela na sacada, deixei outra cartinha na árvore. Sabe como é, né? Melhor garantir meu pedido de Natal. Só depois de uns dias percebi que a cartinha tinha sumido da árvore. Isso mesmo, SU-MIU. Nenhum sinal dela.

Adivinha quem pegou e leu tudo?

Quem respondeu minha mãe ACERTOU! E não bastou ler escondido. Ela, no mesmo dia, se entregou e deixou escapar:

"Sophia, Papai Noel não dá bicho de verdade de presente."

Eu falei:

"Mas ele tem dinheiro pra comprar. que ele não faz de brinquedo, ele compra."

Sabe o que é? Acabei contando tudo pra minha mãe, porque percebi que ela estava especulando com todo mundo o que eu mais queria — até com o povo da novela.

"Mãe, deixa eu falar: EU QUERO MUITO UM CACHORRO!"

Só que o Natal chegou e eu não ganhei o cachorro.

Meu pai era meio contra. Sabe o que eu ganhei? Um Hatchimal — aquele bichinho que sai de dentro do ovo. Afinal, eu tinha dado aos meus pais outras opções de presentes!!! E curti muito!!!

Achei bonitinho, fofinho, fiquei feliz quando recebi, *mããããs...* ainda queria muito um cachorrinho em casa!!!

Pra falar a verdade, fiquei um pouco triste por não ter ganhado o cachorro que tanto sonhava, porque eu já sabia que não ganharia no Natal. Mas vocês sabem que eu não desisto fácil, né? No fundo, no fundo, eu sabia que um dia realizaria esse sonho!

Numa bela manhã ensolarada, meu pai acordou todo empolgado, apareceu no meu quarto, abriu a cortina e disse:

"Sophia, vamos sair pra resolver umas coisas no banco."

Eu estava dormindo, sonolenta, mas despertei em alguns segundos.

"Claro, pai."

Minha mãe ainda disse que esse banco era meio longe.

"Banco? Bem que eu poderia ficar na casa da minha vó ou da titia Renata."

Mas eles disseram que eu teria que ir.
Senti um cheiro de algo estranho no ar.

SUR-PRE-SA!!!

Era tudo surpresa. Estacionamos o carro e chegamos, finalmente, num canil. Quando entrei, um Golden lindíssimo desceu pra nos recepcionar. Tinha váááários cachorros da raça lulu-da-pomerânia. Separaram três:

- UM PARECIDO COM O PANQUECA, MAS MUITO GRANDE.
- OUTRO BEM PEQUENINO E BEM MAGRELINHO.
- E O PANQUECA!

Decidi, na hora, que o Panqueca era o cachorro da minha vida.

Ele tinha 2 meses quando o conheci. Demorou uns dias pra ficarmos com ele, porque tivemos que castrá-lo e esperar a recuperação. Imagina a minha ansiedade?!?!

Desde o dia em que ele apareceu, é o fofinho da casa. Ele é muito bonitinho, quer brincar toda hora, é muito inteligente e pede carinho a cada minuto. Até tem uma conta no Instagram que eu mesma fiz pra ele: @panquecadasophia.

Toda vez que alguém aparece em casa, ele faz de tudo pra receber um carinho.

Muita gente se pergunta a razão de eu ter escolhido esse nome.

PANQUECA??

Deixa eu explicar pra vocês, meus leitores: *aprendi a comer panqueca em Nova York (senta que lá vem a imaginação da Sophia!!!)*.

Minha mãe me deu um pedaço e eu A-M-E-I!

TAÍ. O nome do meu cachorro será Panqueca.

Outra coisa, a cor do Panqueca é igual à cor de uma panqueca. Kkkkk!

Na verdade, estava na dúvida entre Boo e Panqueca!!! Desisti do Boo e ficou Panqueca!!!

O Panqueca foi recebido maravilhosamente bem por nós, exceto por um serzinho que não gostou muito dele: a nossa gata, Princesa.

Engraçado e curioso é que o Panqueca adora ela. Ela é desconfiada, fica olhando ele de canto de olho toda hora. Quando ele chegou, era um neném e a gata já era adulta. Sabe o que ela fazia? Dava umas patadas (de leve, mais pra ele sair de perto) quando ele pulava nela. Panqueca adora fazer isso.

Eu sempre gostei de gato e tive contato com eles desde que me entendo por gente. *Gato é um animal muito independente.* Eles têm uma cara linda, mas é difícil saber o que os gatos querem demonstrar a nós, né? *Cachorro já quer mais atenção, carinho, tem que jogar brinquedinho pra ele correr atrás.* Vocês acham que isso funciona pra gato? Se jogar um brinquedinho e ele não estiver a fim de brincar, pode ficar esperando sentado que ele não vai.

Quando eu era beeeeem pequenininha, assistia a filmes com meu pai e minha mãe, ou sozinha mesmo, e colocava uma fantasia pra assistir uma, duas, três, acho que até um milhão de vezes. Só ao filme do Shrek eu assisti dezenas e dezenas de vezes. Por que eu estou contando isso no capítulo dos bichos? Ora, porque não satisfeita em assistir com meus pais, eu pegava a gata pra assistir ao filme todinho comigo. Eu explicava o filme inteiro pra ela, porque já sabia tudo de cor e salteado. Ela era minha parceira.

Nessa época, a minha gata era a Marrê. Eu amava ela. Mas um dia ela apareceu morta no quintal de uma casa que morei. Provavelmente alguém que não gosta de animais deve ter dado veneno pra ela. Meus pais não me contaram quando isso aconteceu, pois acharam que por eu ter apenas 4 anos ficaria muito triste por ela ter morrido. Então, eu perguntava da Marrê e eles desconversavam.

Depois disso, me mudei de casa e arrumei outra gatinha: a Verdinha. Ela era da minha vó Nice, mas como a Marrê tinha morrido ela veio morar na minha outra casa. Eu a amava também porque ela era toda brincalhona. O único problema é que a Verdinha era meio porquinha.

ECA, SOPHIA!!!

Pois é, às vezes a Verdinha fazia cocô e xixi na minha cama. Não, não, não era sem querer num cantinho. Era... NO MEIO DA CAMA!!! Imaginem só vocês chegarem no seu quarto, de banho tomado, louca pra dormir e ver que a sua gata fez as necessidades no meio da sua cama. Quando nos mudamos pra um apartamento, até fiquei com medo dela num espaço menor, mas claro que não dava pra dar a Verdinha. Foi aí que a minha avó Nice, que tinha se mudado pra uma casa nova, perguntou pra minha mãe se a gata não poderia ficar com ela de novo, já que teria mais espaço pra ela, com quintal e tudo mais. E ela acabou indo e se adaptando melhor do que no apartamento. Ela é um amor, um amorzinho, só que fazia essas coisas. Sempre que vou na casa da minha avó, fico brincando com ela. Ela tem um miado muito diferente e engraçado.

Amo você, gatinha!

Eu SEMPRE amei todos os animais. Se morasse em uma casa bem grande teria muitos outros. Todos os animais são muito especiais e merecem muito cuidado e carinho. Difícil dizer se amo mais os gatos ou os cães. Ou então:

PASSARINHOS

CAVALOS

BALEIAS

GOLFINHOS

E você? Qual seu animal favorito?

_____
_____

AMO
TODOS
MESMO!

O primeiro animal com que eu tive contato foi o Tatu, um bull terrier, cachorro do meu pai. O Tatu ainda vive, está beeeeeeem velhinho, e mora na casa dessa mesma avó, porque não consegue viver em apartamento. Eu brincava bastante com ele, mas meus pais tinham medo e não me deixavam ficar sozinha com ele, porque é um cachorro muito forte, apesar de ser considerado um cão de companhia. Mas mesmo brincando o Tatu dava umas cabeçadas fortes que me derrubavam.

Meu outro bichinho de estimação é a gatinha que vive comigo e a paixão do Panqueca — que já contei que se chama Princesa. Nós conhecemos a Princesa em um pet-shop, quando ela tinha meses de vida. Estava pra doação. Minha mãe tirou uma foto minha com ela e mandou pro meu pai, que gostou e me deixou levar pra casa. No começo, ela não era das mais sociáveis. Amigona minha? Xiiiii, nem em sonho. Estava longe de ser. Inclusive, eu fazia carinho nela e, em vez de retribuir com um "miau" carinhoso, ela começava a ficar nervosa e dava patada em mim. Vê se pode?! Quando ela vinha pra cima de mim, pra me "unhar", eu tinha de dar bronca nela.

"PRINCESA, NÃO PODE, ISSO É FEIO."

Eis que um dia, chega na minha casa o Afonso, um gatinho fofo e muito bonitinho que ganhei de uma amiga da novela. Demos o nome, no começo, de Floquinho, mas meu pai falou tanto e inventou tantos nomes que ficou Afonso mesmo.

Princesa e Afonso: a dupla perfeita.
#SÓ QUE NÃO

Se a Princesa é esperta e não gosta de muito carinho, o Afonso é o típico gato preguiçoso e muuuuuito avoado. A vida vai passando e o Afonso está lá na caixa de areia, de pernas pro ar. O cuidado maior que tínhamos com ele era na hora de dar ração: se colocasse demais, ele comia até passar mal. Não tinha noção do quanto podia comer... Hahahaha! Vê se pode, um gatinho guloso. Um dia, coloquei um pouco mais de ração e ele passou mal. Por isso, nessas horas, é bom consultar um veterinário pra nos ajudar a cuidar da melhor forma possível dos nossos bichinhos.

Acreditem: tive também por quase um mês um pintinho de estimação lá em casa. Ganhei do meu vô postiço, que, na verdade, é vô dos meus quatro primos! Ele tem um sítio, e toda vez que vou lá fico encantada com os animais. Numa dessas idas, vim pra casa com o Acácio (nome que dei pro pintinho). Minha mãe ficou com muito medo da minha gata comer ele, mas UFAAAA... isso não aconteceu. Ahhhhhh, ele até aparece em um dos vídeos do meu canal no YouTube. Depois de quase um mês, ele voltou pro sítio pra viver em um local melhor pra ele!!!

O meu último bichinho de casa é um peixe.

O nome dele é Isabella Cristal Diamante Campy.

Aliás, ganhei esse num amigo-secreto da escola. Dei o nome de Isabella em homenagem à amiga da escola que me deu o peixe. Ele é muito fofo. Tenho outro peixe ainda que está no trabalho do meu pai. Fofíssimo também e MUITO esperto. Quando você balança comida na frente dele, ele fica "doidão", nadando de um lado pro outro. Este ainda não tem nome.

Alguma sugestão?
_____

VAMOS À *minha* ESCOLA...

Eu amo a escola. Nem durmo na noite anterior ao início do ano letivo. Fico contando os dias pra voltar das férias. Fico muito ansiosa, porque quero chegar cedo, ver todo mundo, saber quem estará na minha sala e escolher a mesa em que vou ficar. Na véspera do primeiro dia de aula, peço até pra minha avó ir à minha casa arrumar meu cabelo. No primeiro dia quero ir superarrumada, mas nos outros, até posso ir descabelada. Hahahaha!

Estudei em várias escolas. Entrei na que estou agora em 2014 e amo muito. Ela é grande e tem muito espaço. Quando você entra no ensino fundamental 2, ela mais parece aquelas escolas americanas: cada aluno pode ter o seu próprio armário no corredor pra colocar todos seus pertences e cada aula é dada numa sala diferente.

Estudo no período da manhã. Minha mãe me leva e me busca. Por enquanto, só tenho um recreio. Mas, nos próximos anos, quando estiver mais velha, terei dois intervalos.

Em 2017, ocorreu uma mudança nos nossos recreios. Até 2016, quando tocava o sinal, nós éramos os mais velhos entre os pequenos. Ou seja, o mais velho é mais ágil pra correr e chegar mais perto da cantina pra comprar seu lanche.

Agora, lascou. Inverteu. Somos os mais novos dos mais velhos. Frequentamos o mesmo intervalo de quem já está no terceirão. Resultado: na fila da cantina, temos que nos espremer pra comprar algo e sempre que a gente chega já não tem mais nada, pois os mais velhos já pegaram tudo. Daí, vale até passar por baixo das pernas dos mais altos pra tentar comprar antes. Hahaha!

Pô, turma mais velha, dá um espaço pra gente, se não morremos de fome. Kkkkkkk!

Em geral, levo meu próprio lanche feito pela minha mãe. Normalmente, é um pão com requeijão e presunto, um suco e uma fruta ou um doce, mas o doce é só às vezes. Pelo menos, eu tento, né? Só algumas vezes, pego lanche na cantina. Quando isso acontece, peço uma coisa que é pouco saudável: *PASTEL DE QUEIJO*. Tá bom, tá bom, sei que eu deveria pedir algo mais saudável, mas não resisto ao pastel de queijo.

Então, o combinado com a minha mãe é que posso comer isso só uma vez por semana.

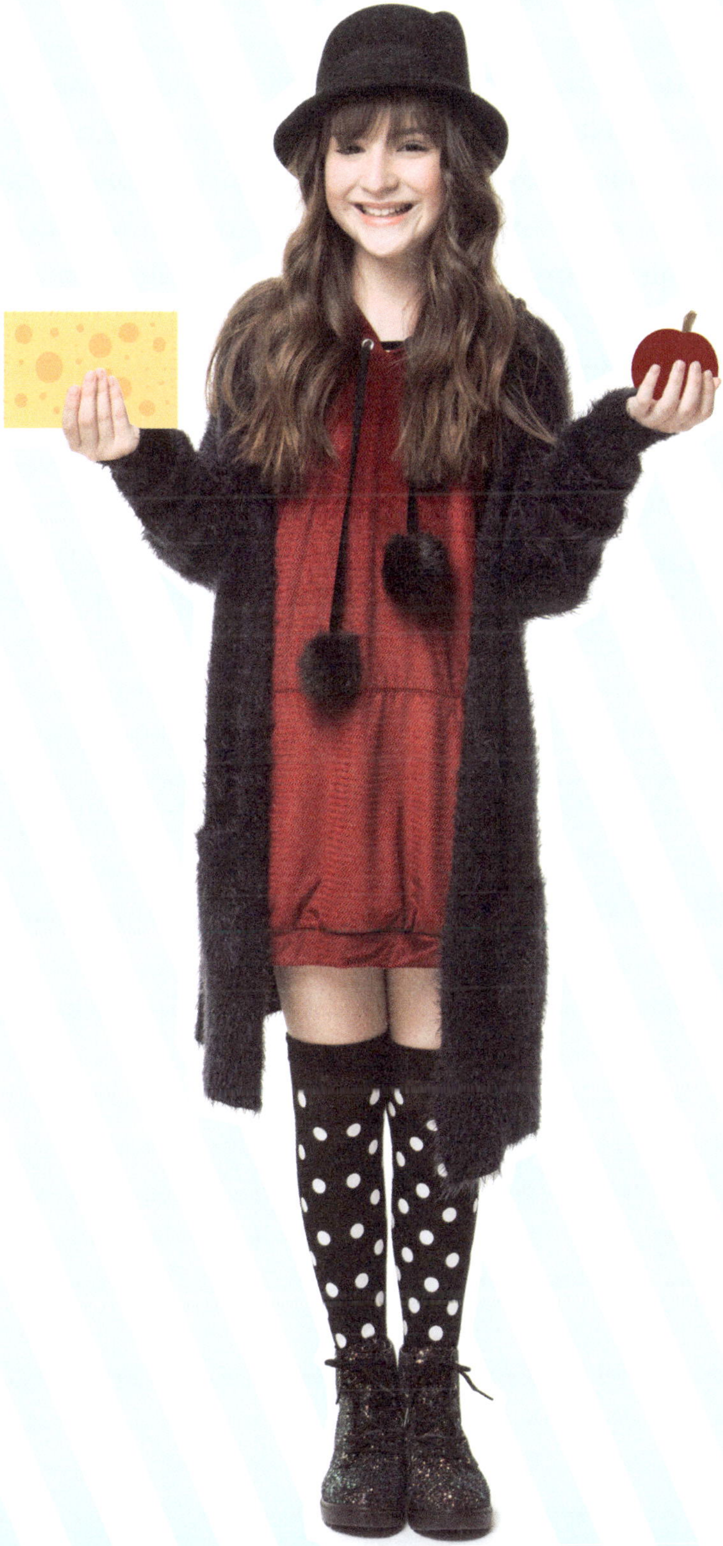

Sou daquelas alunas participativas em praticamente todas as aulas. Não faço o estilo tímida. Pergunto e questiono tudo. Sou muito curiosa! Às vezes, surgem na minha cabeça questões que nem tem muito a ver com a matéria, mas eu pergunto mesmo assim. Tento não levar dúvidas pra casa. Sempre levanto a mão e pergunto.

Como eu falo e escrevo muito (vocês estão percebendo aqui kkkk!), converso mais do que deveria na aula. Mas agora já entendi que é muito melhor prestar atenção nas aulas, pois facilita na hora de estudar pras provas.

Costumo sentar na primeira fileira, na carteira do meio. Esse ano, em 2018, comecei a usar óculos e minha médica até mandou uma orientação pra eu continuar a sentar nesse lugar.

Se eu sento atrás, geralmente não presto muita atenção, porque me distraio fácil e costumo conversar, além de ser mais difícil de enxergar.

NA FRENTE, FICO MUITO MAIS CONCENTRADA NOS ASSUNTOS DOS PROFESSORES.

Entrega de boletim?

AI, QUE ANSIEDADE!

Fico sempre com um friozinho na barriga quando chega o dia de receber o boletim, mesmo sabendo que estudei muito e que fui bem nas provas, porque sempre tem as notas de participação também. Um dia, fiquei tão ansiosa que comecei a rolar no chão. Rolar DE VERDADE. E era bem na aula de Geografia. *Vocês vão me achar louca daqui a pouco, né? Kkkkk!*

Deixa eu contar de uma outra vez em que fingi que desmaiei, mas vejam bem... sou totalmente normal. Kkkk! Era aula do professor Douglas, um dos meus preferidos. O frio na barriga era tanto que me joguei no chão. Fingi que desmaiei. Mas todo mundo da sala, inclusive o professor, sabia que era só fingimento. Nem lembro o motivo. E isso também já faz um tempinho.

Por falar no professor Douglas, ele resolveu escrever sobre mim. OMG!!! Lá vai:

Sophia chegou até mim em 2015. Transferida de outra escola, soube da notícia antes de vê-la pessoalmente. Afinal, era uma artista chegando ao colégio. Confesso que naquela época ainda não sabia muito sobre seu trabalho, o que sabia é que ela participava da novela infantil *Chiquititas*. Novela essa que já havia feito parte de minha vida algumas décadas atrás (só algumas, não sou tão velho assim), quando sua versão original contagiou grande parte da juventude dos anos 90. Mas alunos vêm e vão, e como educador não dei tanta bola para sua profissão. Afinal, criança é criança em todo lugar, só muda de endereço. Em parte eu estava certo. Em parte...

A adaptação de Sophia não foi fácil, como não é para a maioria das crianças. Afinal, uma nova escola, com novos colegas, novos professores, materiais, uniforme, cantina, banheiro, tudo novo... não é fácil para ninguém. Ainda mais alguém famoso, artista, e artista infantil! Lembro que as demais crianças ficaram animadíssimas com uma estrela mirim andando pelos corredores, sentada na carteira ao lado! Perdi a conta de quantas vezes vi (e me irritei) filas de alunos de outras salas querendo conversar, tirar foto, e atrapalhando minha aula. E ela, como sempre atenciosa, fazia questão de atender, tirar selfie, dar sua foto promocional autografada, responder se conhecia de verdade o Silvio Santos e coisas do tipo.

Em sala de aula, Sophia sempre é notada. Fala, pergunta, interrompe quando tem algo a dizer, diz o que pensa da matéria, concorda, discorda, é o tipo de aluno que gosto de ter: curioso, contestador, que fica indignado ou apaixonado pelo tema, no meu caso a História. Participa, vibra ou se revolta ao conhecer os vaivéns da humanidade, seja sobre os homens das cavernas, a civilização egípcia, os gregos, os romanos... Tantas aventuras e histórias!

Sophia, por natureza, atua. Sério, não é forçado. É espontâneo, é natural, é dela. Creio que seja assim desde quando ela era menor, e por isso a revelação de seu talento. Os holofotes a atraem: sejam os de um estúdio gravando um longa ou os olhos dos amigos em sala de aula. Nem todos gostam, podem achar que é "estrelismo", exagero, não sei... Mas essa é ela! Intensa e espontânea! Seja no trabalho ou ao pedir uma borracha emprestada.

Os anos passam, passaram e estão passando... e Sophia está mudando. Foram diversos trabalhos: novelas, comerciais, teatro, publicidade, fotos, desfiles, redes sociais, canal no YouTube, ufa! Sua carreira está se consolidando, ela está amadurecendo como profissional, como atriz. Divirto-me quando no finalzinho da aula passamos os textos das cenas que ela irá gravar. E como grava! Trabalha, viaja, grava por intermináveis horas, acorda cedo, dorme tarde, mora longe da emissora.

Para muitos, a vida de artista é fácil, mas não é. Muitos acreditam que, por ser criança, artista mirim, seu trabalho é uma brincadeira. Mas muito pelo contrário. Além de trabalhar, estudar, crescer, ainda tem que brincar, ser criança, ser feliz! E isso ela é! Criança e feliz. E travessa também, porque quando descuido do meu celular lá vai ela gravar vídeos sem que eu perceba...

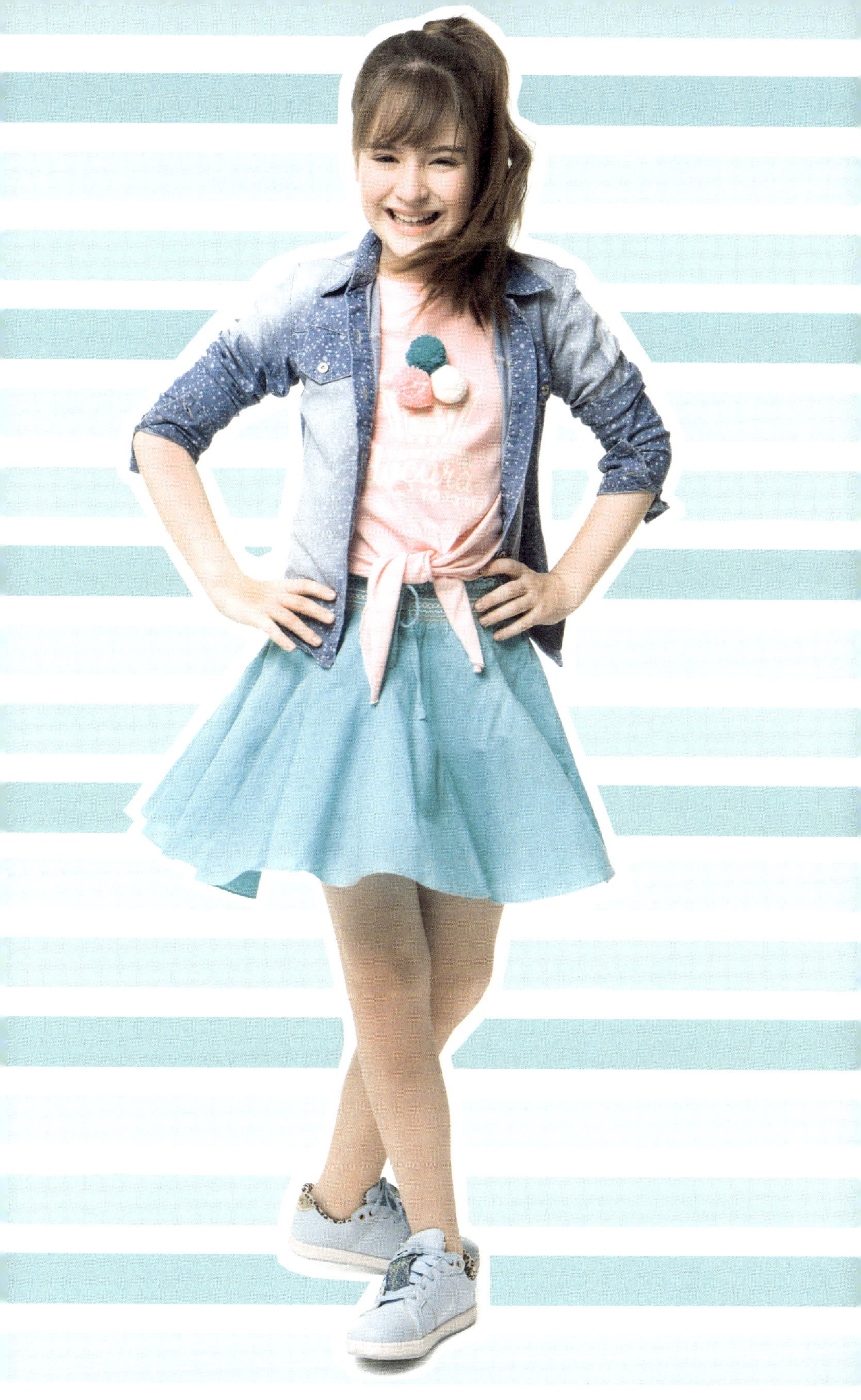

Agora, chegou a vez da minha querida professora Rose, de Geografia. Ela também escreveu sobre mim. Estou me sentindo importante com tanto carinho!!! Demais!

O que dizer sobre Sophia Valverde?!

A Soso é uma menina encantadora, meiga, inteligente, sapeca e animada. Nas aulas de Geografia, ela é participativa a todo momento, é movida a desafios e superansiosa para aprender e colocar em prática os conteúdos nas provas.

Recordo-me de um momento muito engraçado, um dia em que ela estava ansiosa para saber sua nota final de Geografia e não conseguia conter-se em sala de aula devido ao suspense que eu estava fazendo com todos. Quando eu disse que ela havia fechado com 10 em Geografia, ela gritou: "Meu sonho se realizou" e não se conteve, até rolou no chão da sala de tão feliz que ficou. A turma toda ficou olhando "pasma" para ela, em seguida, todos rimos e comemoramos juntos (risos).

Essa princesinha conquistou meu coração logo de primeira, pois possui um sorriso lindo e iluminado. Tenho um enorme carinho por ela, e sempre peço que Deus a proteja e abençoe em seus caminhos, e que sua doçura seja eterna.

Obrigada, Soso, por fazer parte da minha vida e consequentemente eu fazer parte da sua!

O que dizer sobre esses depoimentos? Que eu amo muito vocês e todos os professores que já passaram ou que estão na minha vida! Obrigada por tudo mesmo!!! Amo vocês!!!

Ahhhh... ainda nem falei pra vocês das minhas matérias favoritas. Mas antes, quero saber as de vocês:

Quais são as três matérias de que mais gosta?

1. _____
2. _____
3. _____

Dessas três, qual é a que você mais ama?

_____

Qual matéria você não suporta?

_____

Eu AMOOOOOOO História, Geografia e Ciências. E amo demais todos os meus professores. E, mesmo nas matérias de que não gosto muito, tenho notas muito boas, pois sei que todas elas são importantes também.

Comecei a me interessar por História e Geografia no quarto ano porque gostava da professora. Ter um professor que você admira faz toda a diferença. *E a minha professora era MUITO legal.* Alguns alunos não gostavam dela, porque a achavam brava, mas ela me tratava com todo amor e carinho porque via meus olhinhos brilhando quando o assunto era História e Geografia (nesse período, ela dava essas duas matérias). As primeiras aulas foram sobre o descobrimento do Brasil, como eles encontraram o nosso país, os índios que aqui viviam. Eu ficava encantada.

Gosto de conhecer novas pessoas e novos povos. Amo saber como tudo foi feito e descoberto. Talvez por isso meu amor por essas duas matérias. Em Geografia, começamos o ano letivo de 2017 com temas como vegetação e por que as pessoas estão tendo menos filhos.

A terceira matéria do 💗 é Ciências, por causa dos temas. Fotossíntese e as doenças que alguns bichos, tipo o rato, podem nos passar. Gente, o rato de rua é muito sujo e nojento. Pode transmitir um MONTE de doenças. Credo!

Teve uma situação engraçada que aprendemos dia desses na aula de Ciências. O assunto era doenças. Eu virei meio neurótica com esses assuntos e sintomas. Teve uma vez que comecei a sentir uma dorzinha e achei que ia morrer, porque meu professor falou que há uma doença que se pega do xixi do rato e que essa doença mata.

EXAGERADA, EU?
QUASE NADA.
IMAGIIIIIIIINA...

E aí, fiquei achando por um tempo que eu estava morrendo de uma doença daquelas que meu professor falou, tipo leptospirose. Coisas da minha cabeça. É claro que não tinha nada a ver com essa minha dorzinha.

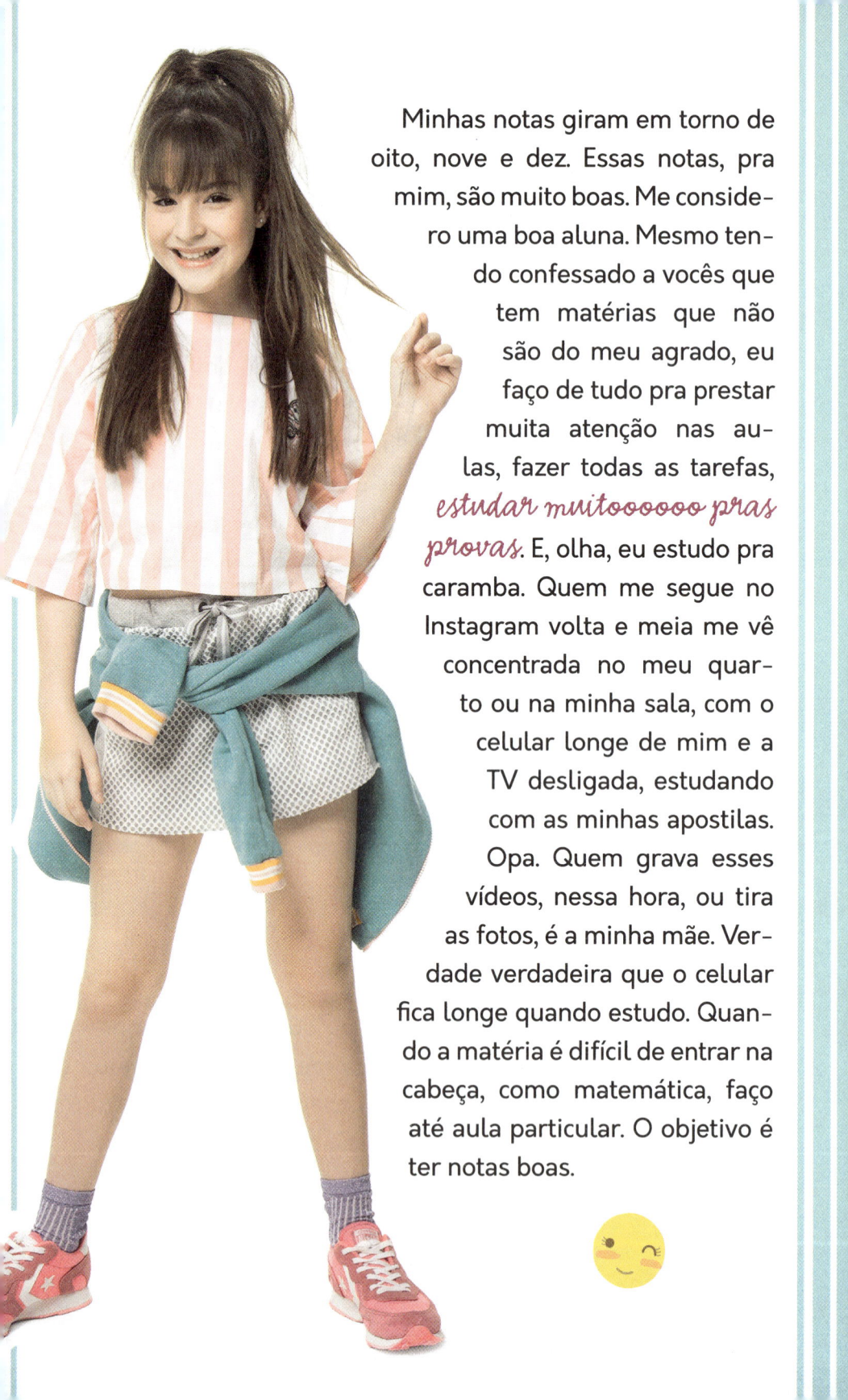

Minhas notas giram em torno de oito, nove e dez. Essas notas, pra mim, são muito boas. Me considero uma boa aluna. Mesmo tendo confessado a vocês que tem matérias que não são do meu agrado, eu faço de tudo pra prestar muita atenção nas aulas, fazer todas as tarefas, *estudar muitoooooo pras provas*. E, olha, eu estudo pra caramba. Quem me segue no Instagram volta e meia me vê concentrada no meu quarto ou na minha sala, com o celular longe de mim e a TV desligada, estudando com as minhas apostilas. Opa. Quem grava esses vídeos, nessa hora, ou tira as fotos, é a minha mãe. Verdade verdadeira que o celular fica longe quando estudo. Quando a matéria é difícil de entrar na cabeça, como matemática, faço até aula particular. O objetivo é ter notas boas.

Esse é um pedido não só dos meus pais, mas da emissora também. Quando sai o boletim, precisamos mandar pro SBT, porque eles checam matéria por matéria e veem o desempenho em cada uma, isso tudo porque é muito importante manter um bom desempenho na escola e eles se preocupam com isso, o que é muito legal da parte deles.

GRAÇAS AOS MEUS ESTUDOS, NUNCA TIREI NOTA VERMELHA.

Deem só uma olhada no meu boletim do sexto ano:

BOLETIM ESCOLAR
ENSINO FUNDAMENTAL

ALUNA: SOPHIA VALVERDE | 6º ANO | ANO LETIVO: 2017

DISCIPLINAS	1º TRIM.	2º TRIM.	3º TRIM.	MÉDIA	
LÍNGUA PORTUGUESA	7.3	8.0	8.7	8.0	APROVADA
HISTÓRIA	8.6	8.8	9.5	8.9	APROVADA
GEOGRAFIA	9.7	9.5	10.0	9.7	APROVADA
CIÊNCIAS FÍS. BIO. E PROGRAMAS DE SAÚDE	9.0	10.0	10.0	9.6	APROVADA
MATEMÁTICA	8.5	9.1	9.1	8.6	APROVADA
ARTE	9.5	10.0	10.0	9.8	APROVADA
EDUCAÇÃO FÍSICA	9.0	9.0	9.0	9.0	APROVADA
INGLÊS	7.7	9.5	8.2	8.4	APROVADA
ESPANHOL	9.6	10.0	8.0	9.2	APROVADA
EMPREENDEDORISMO—QUALIDADE DE VIDA	10.0	10.0	10.0	10.0	APROVADA

amizade é tudo!!!

Preparem seus lencinhos, pois vou contar um episódio nada legal que aconteceu comigo em uma das escolas em que estudei.

O recreio sempre é um momento de lazer e descontração, em que todos os seus colegas e amigos se reúnem pra lanchar, conversar e brincar, certo?

E quando acontece de simplesmente você não ter a companhia deles, porque foi desprezado?!?! 😢

Sim! Eu já lanchei sozinha, bem sozinha, enquanto minhas colegas estavam reunidas — foi bem triste.

Tudo começou quando uma menina entrou na minha classe vinda de outra escola. Até então, eu lanchava com mais três amigas. Formávamos o *QUARTETO FANTÁSTICO*. Ou era isso que eu achava até então. Nos primeiros dias depois que essa menina entrou, ela começou a lanchar conosco de vez em quando e achávamos que ela tinha se enturmado com todo mundo da classe, porque ela passava parte do recreio com a gente e, a outra, com outro grupinho.

Até aí, tudo bem. Meu grupinho de sempre continuava igual e feliz. Só que passou um tempo, senti um clima estranho entre nós. Essa menina começou a falar mal de mim pras minhas amigas. Não sei de onde ela tirou que EU falava mal das minhas amigas pra ela, sendo que eu sou a maior defensora quando tenho amigas mesmo.

(Vê se pode!!! A menina era meio ruim mesmo pra fazer uma coisa dessas.)

Até que, uma manhã, cheguei no pátio atrasada, carregando a minha lancheira, e perguntei pro meu trio — que estava ao lado dela:

"posso lanchar com vocês?"

Silêncio absoluto.

"posso?"

E aí aconteceu uma coisa muito chata: uma falava:

"Ah... pergunta pra fulana."

e a outra falava:

"Pergunta pra beltrana."

e NINGUÉM deu a resposta.

Fiquei triste! Muito triste mesmo, e nesse momento me senti só. É uma sensação ruim. Eu pegava o celular e mandava mensagem pra minha mãe com foto de eu lanchando no banheiro. Minha mãe ficava com um nó na garganta, claro, e mandava uma mensagem dizendo pra eu não me preocupar, pra eu me enturmar com outras pessoas, que não existiam só elas na escola, e pra sair do banheiro, NÉ? Hahahaha! Afinal, lá não era lugar pra ir lanchar!

Minha mãe é daquelas defensoras mesmo, mas nunca pensou em tirar satisfação com a menina. Pensou em conversar com a coordenadora. Aliás, foi escondida. Depois de muuuuito tempo, descobri o diálogo entre elas. Minha mãe chegou dizendo:

"A Sophia nem sabe que eu estou aqui, mas está acontecendo algo com ela e com algumas meninas da sala e gostaria que vocês da escola observassem pra ajudar a resolver esse problema. Então, quero que vocês observem bem pra tomar providências e ajudá-las a ficar bem."

Ela diz que não temos idade pra esse tipo de problema e que temos que nos dar bem com todos.

Passei a andar com outro grupinho, mas sem a intimidade de ser amiga de recreio. Gosto sempre de lanchar sentada. Tenho duas amigas, por exemplo, que lancham andando pra lá e pra cá, porque ficam vendo o pessoal dos outros anos. Então, quando eu fazia companhia pra elas, recebia uns olhares de quem nunca tinha me visto lanchando com elas, pois era novidade.

PRA MIM, LANCHE É UM MOMENTO NÃO SÓ PRA COMER, MAS PRA DAR UM DESCANSO PRA CABEÇA.

Preciso sentar e comer. Não consigo ficar passeando e comendo ao mesmo tempo.

Enquanto isso, aquela menina — desculpa, gente, mas vou evitar citar nomes — continuou tentando fazer com que a turma da minha sala não falasse comigo. Se vocês me perguntarem por que ela fazia isso, não sei responder. Tem gente que diz que ela tinha inveja de mim. Mas ela tinha tudo igual a mim: as mesmas roupas, mochila, tudo! Vai entender... *Melhor deixar pra lá.*

Passou um tempo, houve mudança na escola e as amizades começaram a florir com outras meninas. Hoje, graças a Deus, tenho ótimas amigas no colégio. Elas não têm essa frescura de ficar de "nhenhenhe", de segredinho, não. São bem diretas e falam na cara. Gosto assim.

Tenho várias amigas nessa atual escola. Algumas com quem eu não falava muito antigamente, e agora falo muito e me dou superbem.

Uma dessas amizades se iniciou em um passeio que demorou seis meses pra acontecer. Estávamos ansiosas. Era passeio de um dia só. Organizaram duas listas de alunos, cada uma ficaria em um ônibus. Eu, por azar, fui separada dos meus amigos.

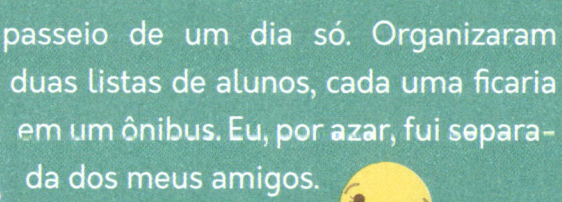

O que eu fiz? Entrei escondida no primeiro ônibus pra ficar com eles. *Yeeeeeeeeess.* Deu tudo certo na ida. Ok. Beleza. Chegamos, foi muito divertido, mas e a volta? *O-Ouuuuuu.* Na volta, não teve jeito. Tive que voltar no ônibus original — aquele em que eu só conhecia poucas pessoas. Até que apareceu na minha frente uma menina chamada Isabella, da turma do período da tarde e que chegou dizendo que era minha fã. Ela me olhou e pediu pra sentar comigo. Eu nem a conhecia direito, já que ela não estudava de manhã. Sorri pra ela e respondi que, claro, tudo bem, podia sentar. Ela sentou ao meu lado, mas eu ainda estava meio triste, olhando pra janela e pensando nas minhas amigas que estavam se divertindo e brincando no outro ônibus. Mas aí eu olhava pra ela e ela sorria pra mim e eu sorria pra ela. Começou a anoitecer na viagem, tivemos pouco papo durante o trajeto, porque praticamente não nos conhecíamos, normal.

NO ANO SEGUINTE, ELA ENTROU NA MINHA SALA E VIROU UMA DAS MINHAS MELHORES AMIGAS.

MORAL DA HISTÓRIA: *As coisas acontecem na nossa vida sem esperarmos. Às vezes, nosso melhor amigo pode estar do nosso lado e a gente só vai perceber bem depois. Por isso, sempre devemos estar abertos pra novas amizades!*

Todo esse episódio que aconteceu comigo me mostrou o lado feio — ou melhor, horroroso — do bullying.

Sério, leitores: não façam bullying com ninguém, porque é muito triste e ruim ser vítima disso.

Eu passei por isso, e não foi legal. Mas caso aconteça, acho que a pessoa não tem que ligar. Ignora, vai embora, procura outra turma, se enturma com novas pessoas. Há sempre uma oportunidade de conhecer pessoas legais.

TEM MUUUUUITA GENTE BOA E DIVERTIDA NESSE MUNDO! MUITA GENTE MESMO!

Caso se incomode com essa rejeição, a pessoa deve procurar ajuda. Eu procurei a ajuda da minha mãe, do meu pai, da coordenadora. Fiquei cinquenta minutos da aula conversando com ela e nós resolvemos. A coordenadora chamou todas as meninas na sala dela. Eu contei o que houve e disse que nunca havia falado mal dos outros.

A menina, que não quis contar a verdade, olhou pra mim e disse:

> "Não, não tem nada disso, não..."

As demais, que também estavam na briga, ficaram chocadas. Mas a garota ali ficou séria. A coordenadora, então, dispensou as outras e deixou apenas nós duas na sala.

A menina, então, me olhou envergonhada e disse:

> "Tá bom, Sophia. Te peço desculpas..."

A coordenadora quis encerrar o assunto:

> "Vocês querem colocar uma pedra nisso então?"

Eu me calei por um segundo e ela respondeu:

> "Eu quero muito, viu? A Sophia é que não quer..."

Eu estava tão nervosa, mas tão nervosa, que isso subiu ainda mais pra cabeça, mas tudo bem. Acabei desculpando e tentando novamente ser amiga. Acho que tentei bastante fazer essa amizade dar certo. Até dormir na minha casa ela veio. Minha mãe fez outras tentativas. No final, acabou não dando certo, mas me ensinou como não devemos ser com as outras pessoas. E sei que a vida vai ensiná-la também. A gente precisa tentar ao máximo ser uma pessoa do bem e tentar fazer desse nosso mundo um lugar melhor!

Sou uma menina que não esconde nada dos pais.

Se estou feliz, eles sabem na hora. Se estou chateada, eles sabem, até porque conto tudinho. Quando faço coisa errada, ACREDITEM, também conto pra eles. É preciso contar sempre pros nossos pais ou responsáveis. Digo isso porque sei de um monte de criança que sofre calada. Eu não. Coloco a boca no mundo e falo tudo o que fazem comigo, tanto as partes boas quanto as mais chatas.

AMIGAS
pra sempre

É, sem dúvida, uma alegria ter amigos. E muito importante! Senão você fica isolada. Sempre gostei de ter amigas por perto pra ter alguém com quem contar. Eu conto muito com elas e tenho muita confiança.

As minhas melhores amigas, minhas BFFs, são as da igreja. Tenho várias na escola e em outros lugares também, mas vou falar sobre as da igreja, porque as conheço praticamente desde que nasci. Hahahaha!!!

São quatro meninas que são minhas amigas desde pequenininha:

A LAURA (A MAIS VELHA):
nasceu em novembro de 2004

A GABI (QUE TAMBÉM É MINHA PRIMA DE SEGUNDO GRAU):
nasceu em fevereiro de 2005

A GIOVANNA (A DO MEIO):
nasceu também em fevereiro de 2005

A GIULIANNI (A MAIS NOVA DO GRUPO):
nasceu em dezembro de 2005

Nós sempre fomos muito amigas. SEMPRE!!!

Na verdade, antes éramos só quatro: eu, Laura, Gabi e Gi! A Giu estudava comigo na escola e, um dia, ela começou a ir na minha igreja com a família. Ela amou e entrou na nossa turminha. Somos, então, um grupo de cinco — eu e mais quatro.

CADA UMA TEM UMA PERSONALIDADE DIFERENTE:

Eu, por exemplo, sou a mais bagunceira e agitada do grupo. Quero animar todo mundo. Sou uma das últimas a dormir nas festas do pijama.

A *Giu* é aquela pessoa que quer dormir primeiro, é a mais dorminhoca. E é a que mais dá risada, principalmente das minhas histórias e invenções.

A *Giovanna* parece que é quieta. MAS SÓ PARECE. Porque ela fala DEMAIS! Ela é tipo eu. Também é sempre uma das últimas a dormir. Fica acordada até bem tarde só pra ficar de conversa.

A *Laura* entra no mesmo clima que eu e a Giovanna. Brincamos que nós três somos as mais animadas do grupo. Ela é mais quieta também, mas quando está conosco fala pra caramba!

A *Gabi* é a minha prima de segundo grau. Quando era pequena, todo mundo dizia que nós nos parecíamos. Brincávamos, então, de gêmeas. Mas ela é mais japonesa que eu (acreditem, nós somos descendentes de japoneses!). E ela também gosta de dormir bastante, igual a Giu. Eu e a Gabi já fizemos muitas viagens juntas, em família. Amava quando a gente ia junto pra Florianópolis.

Em dias que estou muito cansada, também sou uma das primeiras a dormir. Hahaha!

Quando estamos juntas, brincamos muito. Gostamos de jogar, de conversar, de brincar de detetive. Mas o que mais gostamos é de conversar e de fazer festa do pijama umas na casa das outras.

Minha brincadeira favorita com elas nessas festas é brincar de gravar. Gravo séries, clipes, e minhas amigas curtem muito. Faço o papel de diretora, produtora e, às vezes, até participo das cenas. Quando brincamos de gravar clipes, somente elas são as estrelas. É muito legal mesmo.

Há alguns anos falo pra elas que seria muito legal a gente ir pra Orlando comemorar os 15 anos das cinco juntas. Daí, a gente escolheria uma data, viajaríamos juntas, passaríamos umas duas semanas indo aos parques e outros lugares. E assim estaríamos juntas em uma data tão especial. Isso é um sonho meu e elas amaram a ideia. Quem sabe dê certo, né? Mas, se não der, sem problemas também. A gente comemora aqui, do jeito que der. O que vale mesmo é estarmos juntas.

Eu as amo muito e estas são as minhas melhores amigas *forever*. Amo quando estou com elas.

Espero, de coração, ser amiga delas pra sempre.

SE EU NÃO FOSSE ATRIZ, EU SERIA BIÓLOGA. SE EU NÃO FOSSE BIÓLOGA, EU SERIA DIRETORA DE CINEMA, SÉRIES E NOVELAS.

Porque eu gosto de comandar uma cena e acho que seria boa nisso 😊! Mas elas gostam de brincar disso, nunca reclamam! Gostam das sugestões que dou, até de figurino.

Na brincadeira, eu pego meu celular e um tablet. *Lembrei agora que quebrei um tablet nesta brincadeira, eitaaa.* Eu estava deitada no chão gravando com uma peruca e era pra parecer que ela estava de ponta cabeça, só que eu estava segurando o tablet de cima e ele escapou da minha mão e quebrou o botão de desligar. Depois de uns dias, ele não ligou nunca mais.

MEU PAI NÃO CURTIU!

Nós gostamos de fazer coreografia, também, e filmar. Depois, usamos um programa de computador, colocamos o som e vamos gravando. Eu dirijo tudo, escolho até as músicas.

Além de gravar clipes, gosto de participar das cenas, mas nem sempre as meninas sabem gravar direitinho. Aí eu fico meio brava, porque gosto quando sai tudo com qualidade.

Como vocês podem ver, desde pequena minhas brincadeiras envolvem atuar, dirigir, o mundo do teatro e da TV.

E os meninos, não participam? *Por enquanto, da festa do pijama, NÃO.* Minha relação com eles começou meio mais ou menos, mas hoje já tenho bons amigos meninos. Quando eu tive o problema com as meninas, passei a andar mais com eles. Porque menino não tem frescura, né? Falam tudo na cara. Eu lanchava com eles e eles perguntavam por que eu não estava com as meninas. Eu falava o motivo e eles diziam pra eu não ligar, e então já mudávamos de assunto e ficávamos conversando sobre várias outras coisas legais.

Não tinha esse problema de fofoquinha, nem de excluir ninguém. Simplesmente me deixavam lanchar com eles, numa boa.

Confesso que, no início, era estranho, porque eu nunca tinha lanchado com eles, mas eu estava numa fase de querer me enturmar, e eles foram muito receptivos.

Uma vez, minha mãe foi na reunião da escola e fiquei muito feliz com o que falaram pra ela: que eles nunca tiveram problemas comigo, que sempre fui muito simpática com todos que se aproximavam de mim. Isso é uma alegria, porque tem pessoas que pensam que sou diferente, metida, intocável, mas nada disso, sou uma menina como todas as outras e trato todos da mesma forma.

Até aquelas que não são tão legais comigo. Por exemplo, meus pais souberam que uma pessoa começou a falar mal de mim. Minha mãe chegou e falou assim:

"Sophia, continue tratando a pessoa da mesma maneira. Não queremos que você a trate de maneira diferente."

Claro que nós vamos evitar trazer a pessoa pro nosso convívio íntimo, mas tem de continuar tratando a pessoa da mesma maneira pra não ter nenhum tipo de atrito. Porque é muito complicado, quem é do meio artístico sempre vai ser muito julgado. Se muda um pouquinho é porque a fama subiu à cabeça. E não é assim! Bem, ao menos comigo não é.

Eu falo isso porque estou na minha terceira novela e sei um pouco como as coisas funcionam.

Tem muita gente que a primeira coisa que faz quando fica famoso é mudar o círculo de amizades. E o que quero é o contrário: é manter as mesmas amizades que tinha desde pequena, bem antes da Sophia ser a Sophia Valverde da TV. Meus pais incentivam que eu mantenha as minhas raízes sempre.

As amigas que mencionei não querem ser atrizes. Elas não gostam muito. Só me acompanham na TV, no teatro, no cinema, no YouTube. Ou seja, em tudo. Obrigada, meninas! Mas um dos motivos de elas não quererem seguir a profissão é que elas sabem que não é fácil, elas acompanham como é a minha vida. Tenho que deixar de lado, algumas vezes, coisas que eu gostaria de fazer ou lugares aonde gostaria de ir, como um acampamento aonde todos vão. Mas isso acontece na vida de todos. Sempre que optamos por uma coisa, temos de deixar outra de lado. *Isso quando somos crianças, adolescentes e até mesmo adultos, não é verdade?* Isso meus pais me explicam desde sempre.

Lembrei agora de um acampamento que fui e achei muito legal. Foi o acampamento "Palavra da Vida", onde fiquei alguns dias, mesmo sem conhecer NINGUÉM. Sim, meus pais me mandaram pra um acampamento muitooo bom, mas eu não conhecia NINGUÉM meeeeeesmo. E isso em 2017. Quando eu e minha mãe chegamos, o povo ficou meio assim:

"Ai, meu Deus, é a Sophia Valverde!" 😊

Mas essa reação durou pouco tempo. Depois, todo mundo começou a me tratar como uma criança comum: alegre e agitada.

Nesse acampamento há uma espécie de árvore enorme. Tem várias que são do tamanho de um prédio muito alto. Eu fiquei no quarto e logo já fiz amizade com algumas meninas!!! Um dia uma delas pegou a bolsa pra gente brincar. Nós ficávamos brincando de jogar a bolsa dela pra cima e cada vez mais alto, até que ela ficou presa no último galho de uma dessas árvores gigantes.

COISAS DE SOPHIA!!!

Tivemos que mobilizar o acampamento inteiro pra tirar a bolsa de lá.

Mas deu certo! Ufaaaa. HAHAHAHA!

O bom é que amei o acampamento e devo voltar assim que as gravações da atual novela tiverem acabado. Aprendi muita coisa boa e fiz ótimas amizades.

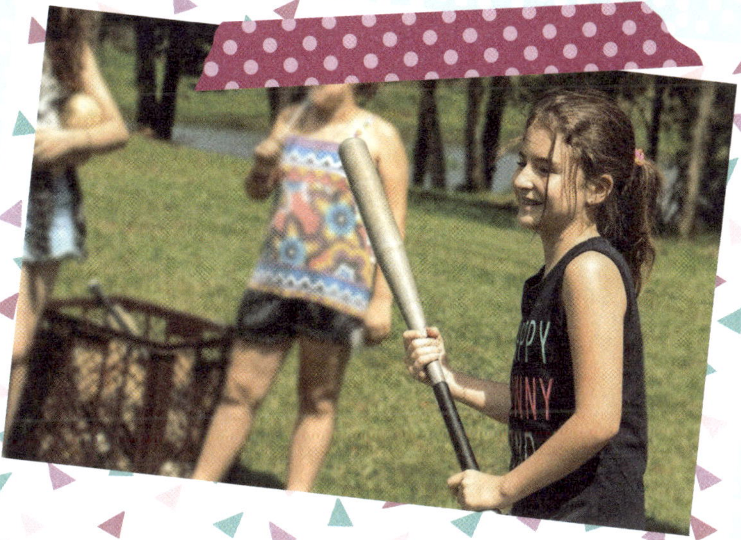

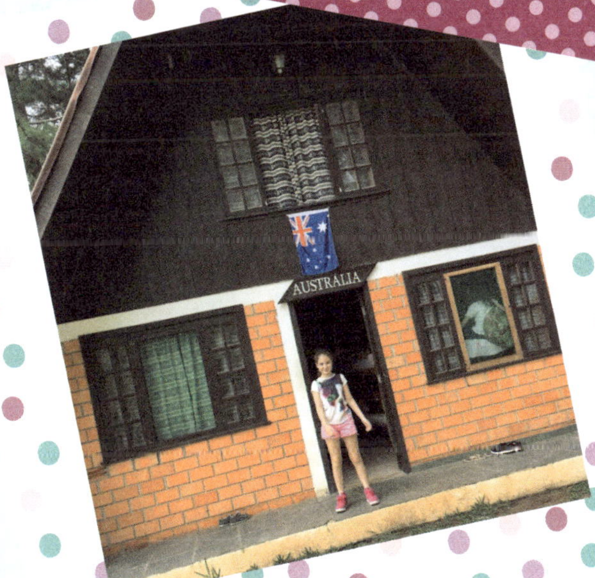
AUSTRALIA

Mais de uma vez me perguntaram se eu me arrependo de ter começado tão cedo na carreira, ou se sinto falta de não viver uma infância só de brincadeiras.

Não preciso nem parar pra pensar uns segundinhos, porque minha resposta é NÃO.

Eu, desde muito novinha, estava fazendo o que amava e, ao mesmo tempo, fazia o que qualquer criança normal faz. Sempre consegui brincar e manter uma vida normal. Havia as gravações, claro, mas os trabalhos que fazia e faço sempre foram e são com muitas crianças. Então, no estúdio, eu gravo, brinco e me divirto com as outras crianças nos intervalos.

Além disso, meus pais cuidam muito bem da minha agenda e me deixam ter tempo pra tudo. Não vivo pro trabalho, pois preciso aproveitar tudo o que cabe à minha idade. Então, vou fazendo todas as coisas que amo: escola, gravação, igreja, viagens, passeios e tudo mais.

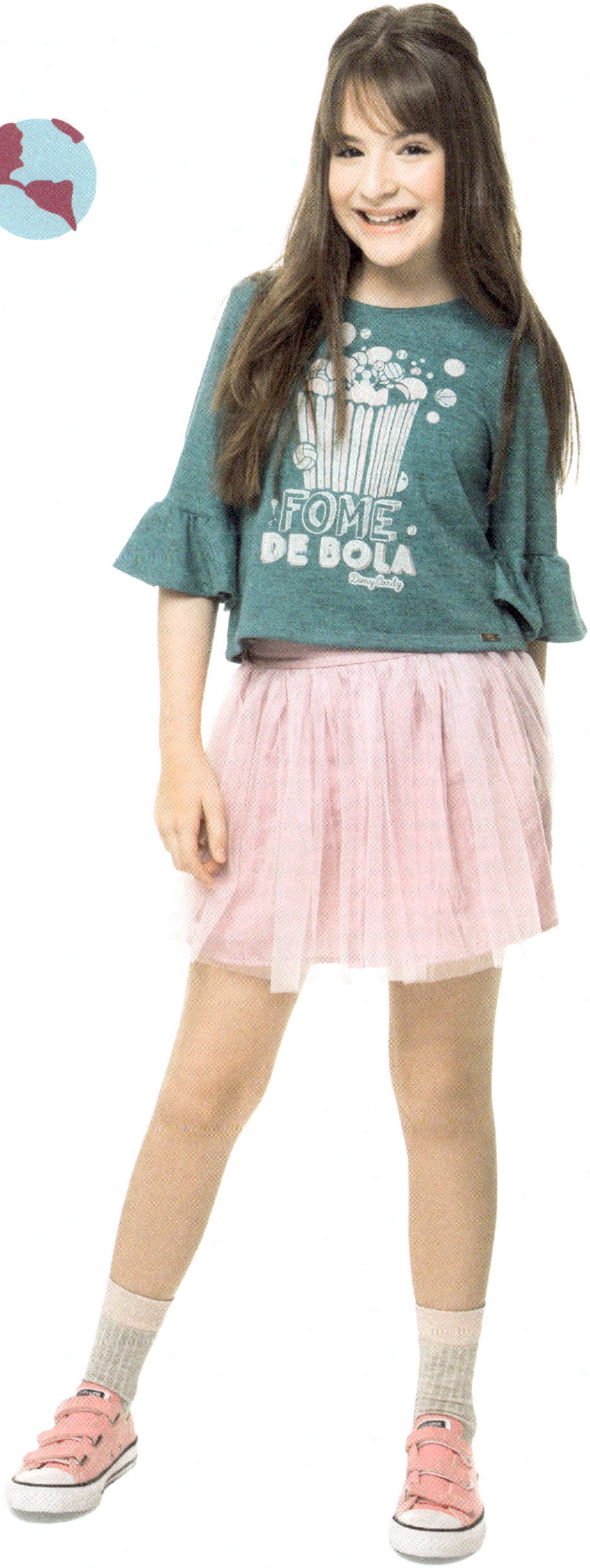
FOME
DE BOLA

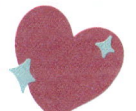

PRA ENCERRAR...

Todas essas histórias que escrevi pra cada um de vocês são um pouco do meu mundo e de como eu o vejo. Tento ver tudo com um olhar mais bonito. *Há, sim, maneiras de ver o mundo de uma forma melhor sempre.*

Sei que, às vezes, é mais difícil enxergar o lado positivo das coisas, mas eu tento e tenho muitas pessoas ao meu lado que me orientam e que me ajudam quando não consigo ver isso.

Dia desses, uma amiga minha estava jogando no celular, ele caiu no chão e trincou bem na pontinha. Ela ficou triste e eu falei: "Poderia ter sido pior. Poderia ter quebrado a tela inteira. Pelo menos não quebrou, e você não vai ter que comprar outro celular." Acho que, mesmo antes da novela, às vezes eu ficava pensando e falava: "Podia ser pior, né?"

Percebo que não só eu, mas muita gente também vê o mundo como eu o vejo.

Sempre acreditei num mundo melhor, onde, juntos, começando por cada um, podemos fazer tudo pra mudar e melhorar.

O mundo é mais lindo quando olhamos de uma forma boa pra ele. Não que seja 100% assim, mas é legal olhar pro mundo de uma forma bonita.

É o que os meus pais SEMPRE tentaram me passar e me ensinar.

Eles conversam comigo com frequência e dizem que sou uma criança normal, como todas as outras: que vai à escola, à igreja e tem suas amigas. É claro que sou uma menina que tem responsabilidades e um trabalho em que preciso, por exemplo, decorar algumas páginas com textos. Como estou no ar, numa novela pra todo o Brasil, acabei me tornando uma figura pública. Mas é o que os meus pais sempre falam: "Você não é melhor que ninguém pelo fato de estar na televisão."

Eles têm razão. Sou uma menina comum que faz o que ama e que tenta ser feliz sempre.

O bom da vida é olhar o mundo de forma colorida, divertida, aproveitando as coisas boas de cada idade.

É isso!!!

Escrever este livro foi incrível. Mais um sonho que realizei. Foi uma experiência que eu amei muito!!!

Meu livro foi feito de 💗

Espero que vocês tenham gostado do meu mundo. Até outra hora! Beijinhos e tchau, tchau!

Sophia Valverde

Direção editorial
Daniele Cajueiro

Editora responsável
Janaína Senna

Produção editorial
Adriana Torres
André Marinho

Revisão
Suelen Lopes

Capa, projeto gráfico e diagramação
Larissa Fernandez Carvalho

Fotografia
Juliana Sabbatini Photography
Arquivo pessoal

Tratamento de fotos
Edição da Imagem

Stylist
Déia O'mena

Cabelo e maquiagem
Danny Anjos

Este livro foi impresso em 2018
para a Agir.

- EU ♥ cinema
- EU ♥ novelas
- EU ♥ Teatro
- EU ♥ cinema
- EU ♥ novelas
- EU ♥ Teatro

tudo de bom!

tudo de bom!

MELHORES AMIGAS pra sempre

MELHORES AMIGAS pra sempre

MELHORES AMIGAS pra sempre

MELHORES AMIGAS pra sempre

- DIVERSÃO!
- DIVERSÃO!
- DIVERSÃO!
- DIVERSÃO!
- DIVERSÃO!

- família = amor ♥
- família = amor ♥
- família = amor ♥

meu INCRÍVEL mundo

meu INCRÍVEL mundo

- ESTUDAR!
- ESTUDAR!
- ESTUDAR!
- ESTUDAR!
- ESTUDAR!

EU amo

EU amo

AMO AMO AMO AMO AMO

Sophia Valverde

Sophia Valverde

Sophia Valverde

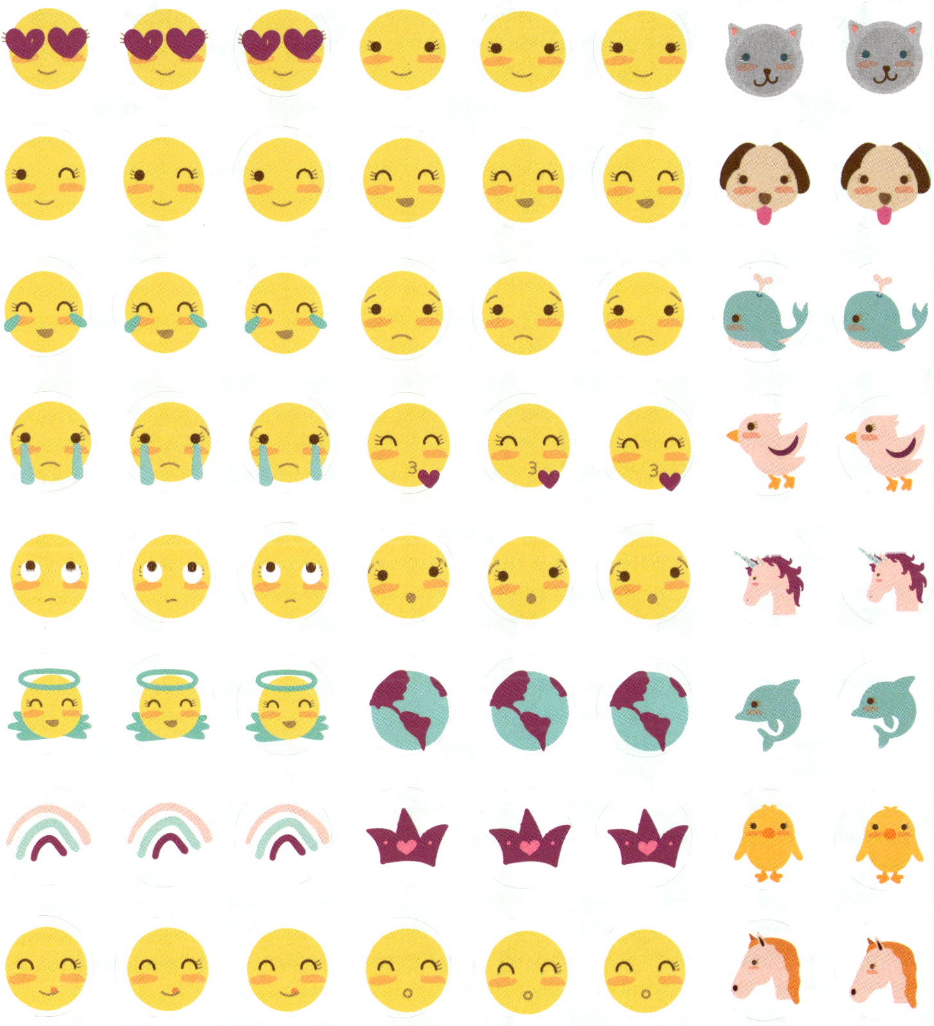

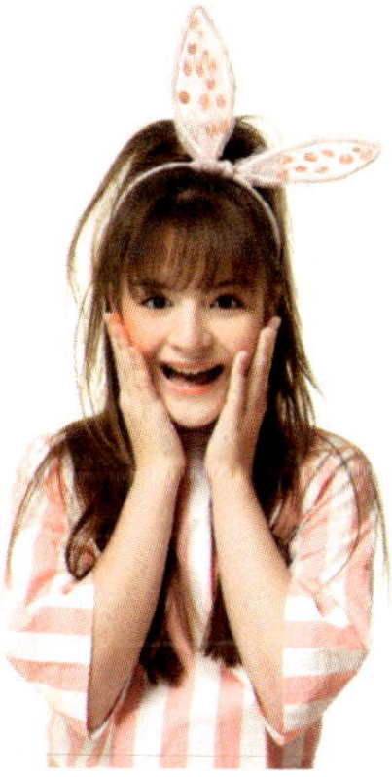
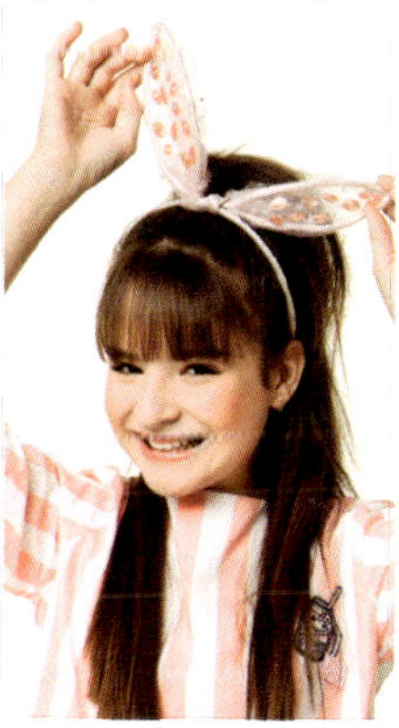
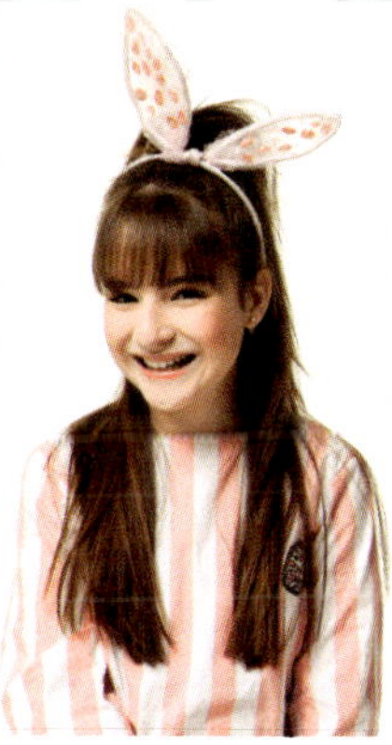
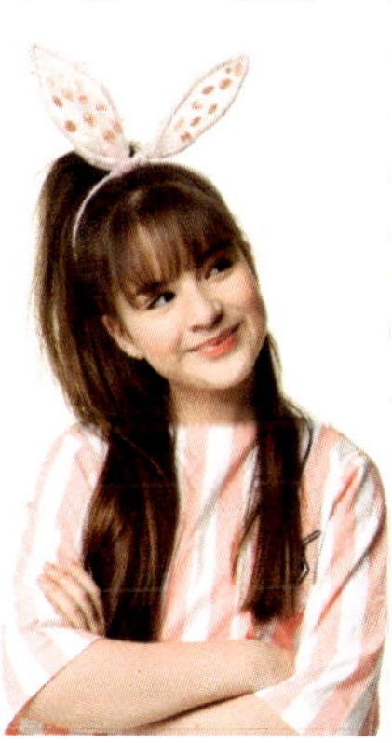

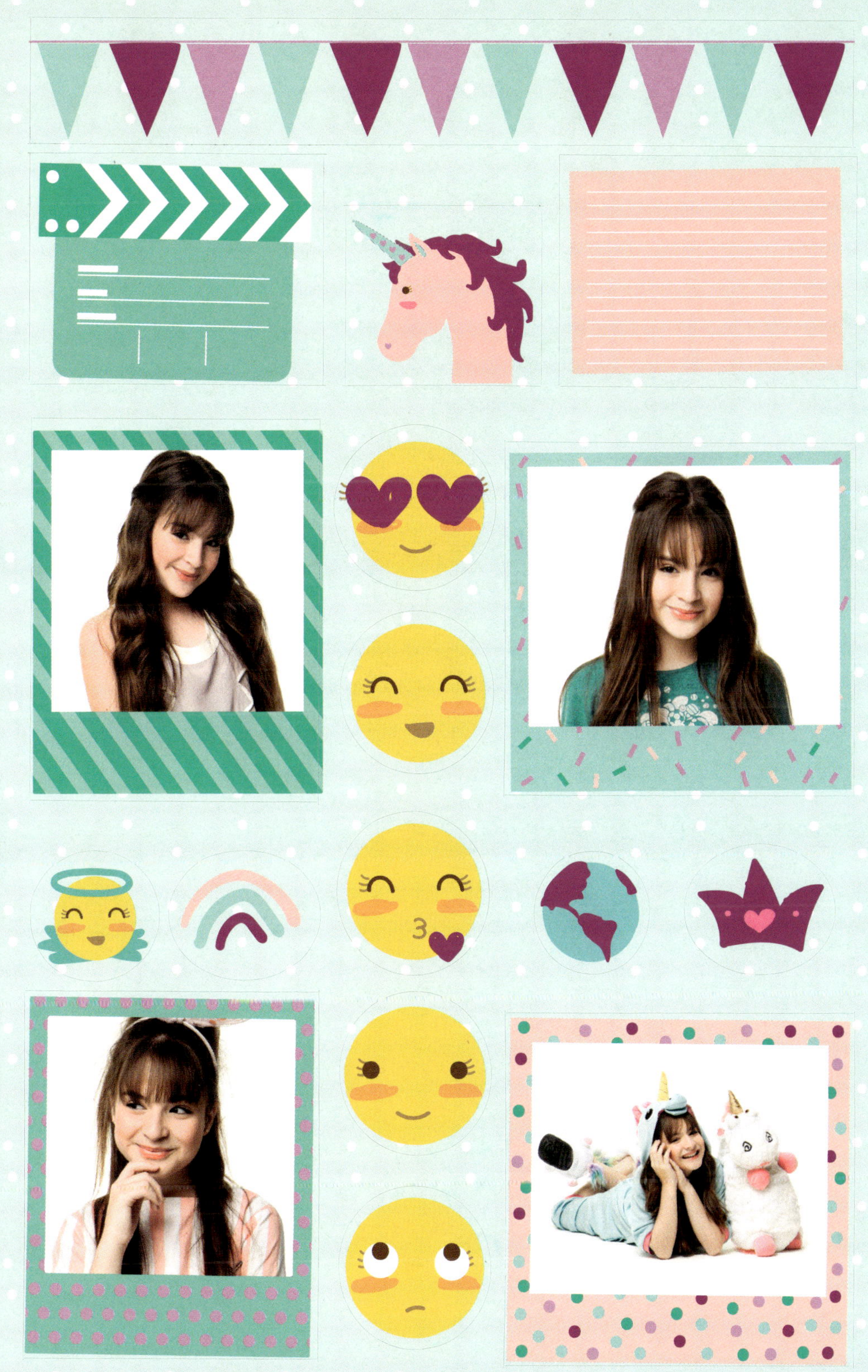

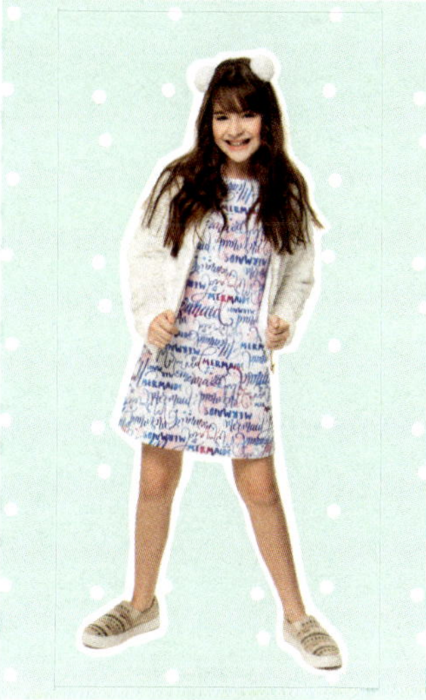
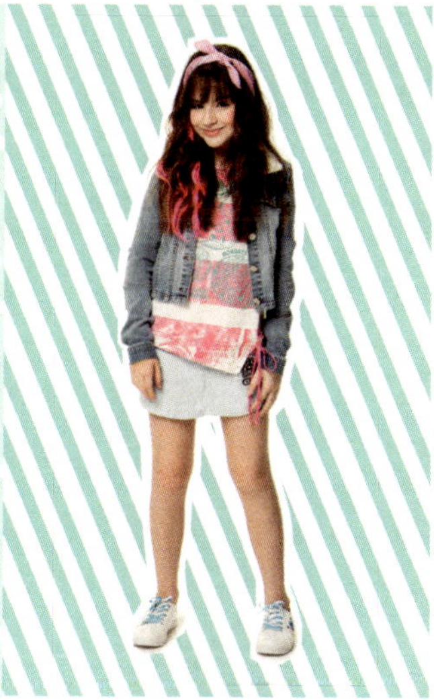
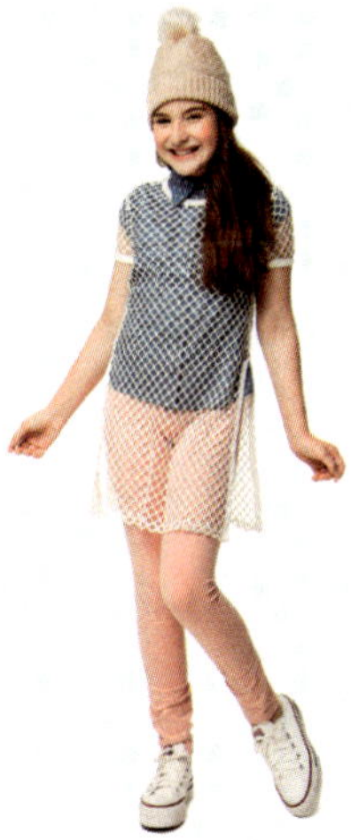
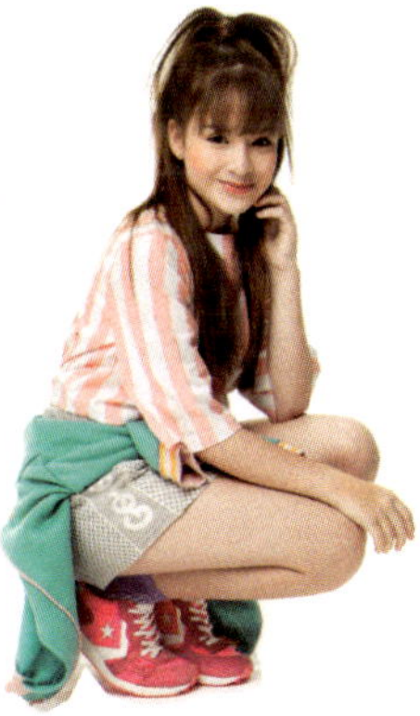
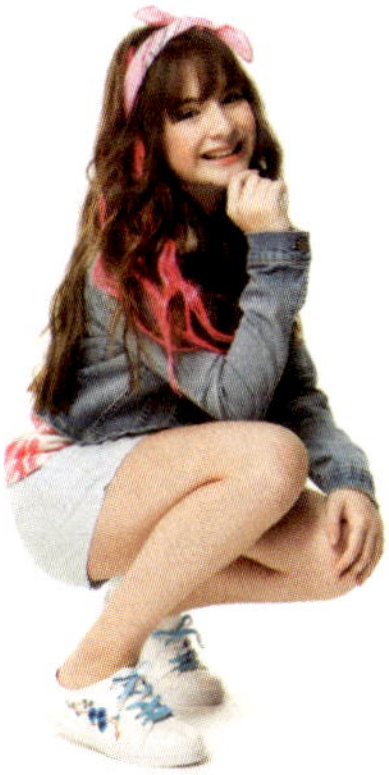
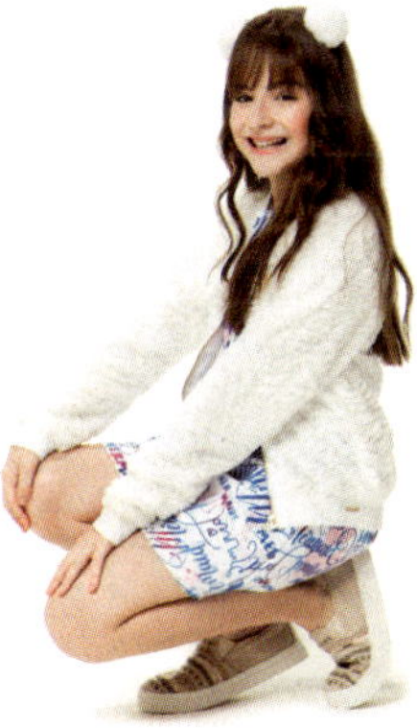
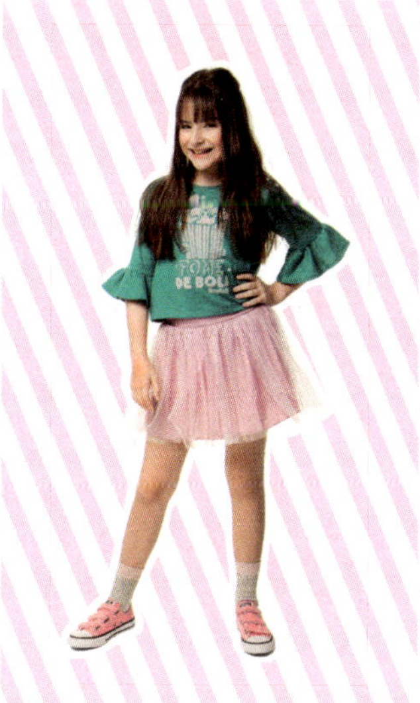
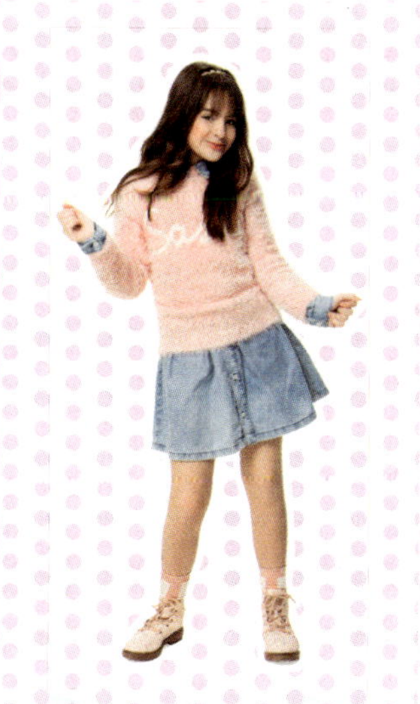
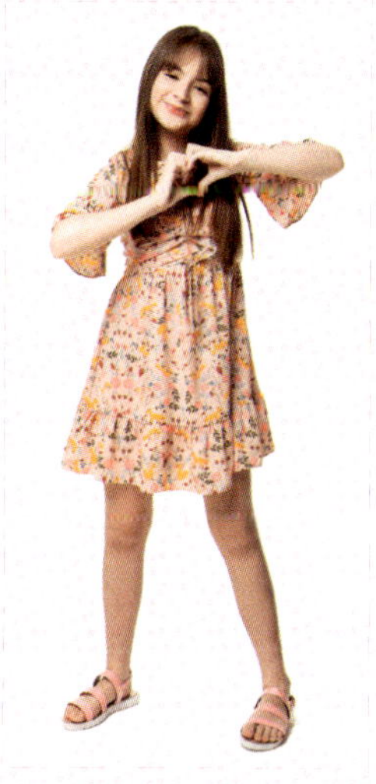